I0045857

MINISTÈRE DES COLONIES

OFFICE COLONIAL

LE COMMERCE AUSTRO-ALLEMAND

DANS LES COLONIES FRANÇAISES

Importations. — Exportations. — Navigation.

MELUN

IMPRIMERIE ADMINISTRATIVE

1916

4324

MINISTÈRE DES COLONIES

OFFICE COLONIAL

LE COMMERCE AUSTRO-ALLEMAND

DANS LES COLONIES FRANÇAISES

Importations. — Exportations. — Navigation.

MELUN

IMPRIMERIE ADMINISTRATIVE

—

1916

4°Lk⁹
/1456

BIBLIOTHÈQUE NATIONALE
R.F.
IMPRIMÉS

LE COMMERCE AUSTRO-ALLEMAND

DANS LES COLONIES FRANÇAISES

Importations. — Exportations. — Navigation.

Sous le titre « Importations d'origine allemande et austro-
hongroise dans les colonies françaises » l'*Office colonial* à publié
dans son bulletin mensuel les résultats de l'enquête à laquelle il
a été procédé sur le commerce allemand et austro-hongrois dans
nos possessions d'outre-mer, en suite des instructions du Dépar-
tement des Colonies.

Les renseignements donnés par l'autorité locale et les
Chambres de commerce portent sur les produits d'origine allemande et austro-hongroise introduits dans nos colonies et les
motifs pour lesquels ils avaient pu jusqu'à présent y être écoulés.
Il est utile, en effet, de préciser par quels procédés ces produits
qui, d'une manière générale, sont d'une qualité inférieure aux
produits français, ont pu s'implanter dans nos colonies.

Il est bien évident que cet exposé ne constitue à aucun degré
une critique des procédés français; mais il est indispensable que
les moyens employés par les Allemands et Austro-Hongrois soient
mis en lumière au moment où nos commerçants industriels se
mettent en mesure de reprendre dans notre empire colonial toute
la place qui leur est due.

Il a paru intéressant de grouper ces publications en une bro-
chure.

Note sur les Importations allemandes et austro-hongroises dans les colonies françaises.

Quelles que soient les préoccupations de l'heure présente, elles ne sauraient nous distraire du devoir impérieux de veiller sur notre commerce et d'envisager les conséquences qui résulteraient d'une guerre heureuse.

Déjà les conséquences de la disparition du pavillon allemand de la surface des mers ont préoccupé le Gouvernement anglais et des instructions ont été données pour recueillir les renseignements susceptibles de permettre la substitution des articles anglais aux articles allemands. En outre, le Ministre du Commerce du Royaume-Uni vient de déclarer nuls et inopérants toutes les licences et les brevets accordés à des personnes ou à des sociétés allemandes.

Les économistes américains, de leur côté, adressent un pressant appel aux industriels et commerçants des États-Unis : « Cette situation, disent-ils, crée aux États-Unis de graves devoirs, en même temps qu'elle leur offre une grande occasion de s'assurer des avantages légitimes. »

Les journaux commerciaux de New-York montrent que la plus grande partie du commerce perdu par l'Allemagne sera partagé par l'Amérique et l'Angleterre.

Chez nous également le Gouvernement a recherché, dès la première heure, la possibilité de remplacer par des produits français les articles écoulés sur les marchés étrangers par les industriels allemands et austro-hongrois.

Il est à prévoir que cette enquête exigera un certain délai et fera sans doute connaître la nécessité pour le commerce d'apporter des modifications dans son outillage, dans ses formes habituelles de paiement; la connaissance de la langue anglaise sera plus que jamais nécessaire.

Ce sera une éducation nouvelle à faire; elle sera l'œuvre de la société qui sortira de la guerre.

Mais, à côté de la conquête des marchés étrangers, s'impose immédiatement la défense des nôtres et dès aujourd'hui un problème se présente dont la solution doit être immédiate.

C'est la substitution, dans nos colonies, de nos articles à ceux de nos ennemis.

Là, nous connaissons la clientèle, ses goûts et ses besoins; c'est dans notre langue que se font les commandes, que s'exé- cutent les marchés, le commerce y trouve des garanties et des facilités de contrôle qui n'existent pas au même degré en pays étranger. Il ne s'agit pas d'innover, mais simplement d'amplifier le courant déjà existant.

L'étude du commerce allemand dans nos colonies fait ressortir trois caractéristiques principales :

Son importance, son rapide développement, le caractère des colonies où il s'exerce.

Le commerce général des colonies françaises — non comprises l'Algérie et la Tunisie — s'est élevé en 1912 à une somme totale de 1.291.000.000 francs.

La part de la France a été de 271 millions à l'importation et de 278 à l'exportation.

Celle de l'Allemagne et de l'Autriche-Hongrie est de 24.818.000 francs à l'importation et de 34.385.000 francs à l'exportation.

Ces chiffres déjà significatifs par eux-mêmes, présentent une grave menace, par suite de leur rapide progression.

Comme il s'agit uniquement pour l'instant de montrer la place à prendre par notre commerce, le tableau ci-dessous donne les valeurs, à l'importation seulement, pendant les six dernières années, relevées par les statistiques officielles.

ANNÉES	ALLEMAGNE	AUTRICHE-HONGRIE	COLONIES ALLEMANDES	TOTAUX
	francs.	francs.	francs.	francs.
1907	12.169.000	106.000	350.000	12.625.000
1908	12.518.000	185.000	229.000	12.932.000
1909	12.597.000	490.000	516.000	13.603.000
1910	14.849.000	1.174.000	351.000	16.374.000
1911	18.757.000	1.726.000	2.622.000	23.105.000
1912	13.973.000	2.091.000	8.754.000	24.818.000

La progression de ces chiffres sera figurée sous une forme plus saisissante par le graphique suivant :

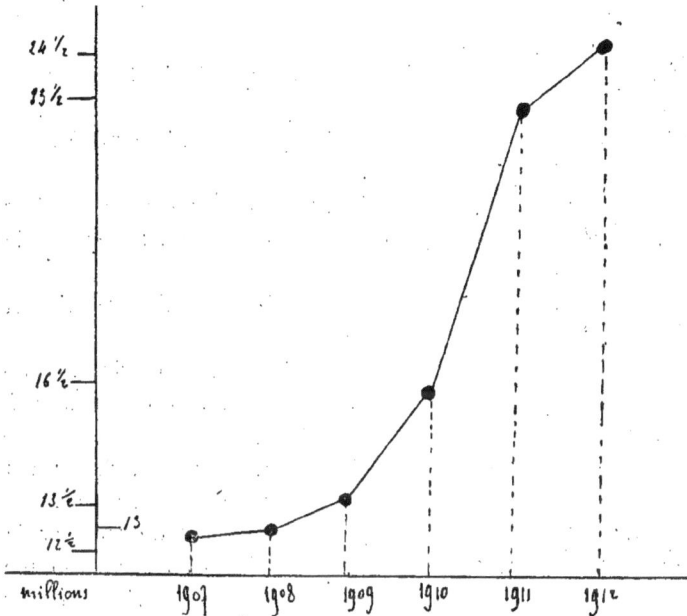

Il est essentiel en outre de retenir que les chiffres officiels donnés par les douanes coloniales *ne représentent qu'un minimum* des échanges réels de l'Allemagne, car, pour deux groupes de possessions qui lui paient un large tribut, les chiffres réels devraient être considérablement majorés.

Ce sont l'Afrique équatoriale et l'Indochine.

En Afrique équatoriale, par suite du système de taxation, on ne peut exiger l'origine réelle d'un pays et des produits d'origine allemande acheminés sur Anvers arrivent avec des factures de commissionnaires belges. L'industrie allemande avait trouvé à Anvers un champ merveilleux d'action et d'enrichissement. La germanisation de ce port était complète. 5 sections de la Chambre de commerce sont présidées par des Allemands, 15 administrations de banque sont allemandes, 33 compagnies d'assurances allemandes opèrent sur place. Dans leur trafic, ils n'admettaient que des commerçants, courtiers, expéditeurs

allemands, afin de conserver un contrôle absolu. Si bien que
l'on allait à dire : « Si demain le Kaiser met la main sur la ville
la municipalité est déjà constituée. » Des tissus importés de
Matadi, du Congo belge, figurent au compte de cette colonie,
bien que de fabrication européenne. De même les échanges
effectués par la voie de Lagos, sont repris de ce fait au compte
de la Nigéria.

En Indochine, plus de la moitié des marchandises consom-
mées dans la colonie arrivent de Chine, d'Angleterre ou d'Allemagne, non seulement directement, *mais par la voie de Hong-
Kong ou de Singapore*, et cependant elles ont supporté pour la
plupart une majoration de frais de transport, subi les risques d'un
plus grand voyage, acquitté des droits d'entrée plus élevés, ayant
perdu le bénéfice du transport en droiture et elles arrivent tou-
tefois à se présenter en meilleure posture que les produits
français sur le marché indochinois.

C'est ainsi qu'en 1912 les importations de la France en Indochine étant de 104 millions, celles de l'étranger se sont élevées
à 168 millions, dont 76 millions pour les deux grands entrepôts
anglais.

France et colonies...........................	104.000.000	francs.
Pays étrangers.....	92.000.000	—
Hong-Kong................................	63.000.000	—
Singapore....................................	13.000.000	—

En outre, 57 millions de marchandises diverses de nature
et d'origine, passées en transit, ne figurent pas dans les relevés
ci-après.

Et même parmi les produits déclarés d'origine asiatique,
l'expérience a démontré qu'il devient tous les jours plus difficile
d'établir la distinction pour les articles d'origine chinoise, surtout pour les produits manufacturés, de leurs similaires européens. Les entrepôts de Hong-Kong et de Singapore, grâce à
leur régime de franchise douanière. donnent asile à des produits qui, fabriqués dans les centres européens, viennent recevoir
les apparences d'articles de fabrication chinoise. L'Angleterre
et surtout l'Allemagne imitent parfaitement l'industrie asiatique.
Depuis qu'elles se substituent à la fabrication chinoise, elles
ont eu le loisir, par une habile progression, d'atteindre le per-
fectionnement européen, tout en continuant à introduire leurs
produits sous le bénéfice des droits de faveur consentis aux

articles à l'usage des indigènes. Il en résulte que ces articles peuvent aujourd'hui servir indifféremment à l'usage des asiatiques et des européens.

Par la situation avantageuse de ses possessions d'Asie, il était normal que l'Angleterre s'imposât sur les nouveaux marchés d'Extrême-Orient, mais bien que dépourvue des mêmes privilèges, l'Allemagne s'accommoda merveilleusement de l'organisation libre-échangiste des entrepôts anglais où elle constitua ses bases d'opération.

De là, elle rayonne autour de notre grande colonie, c'est ainsi que dans le commerce d'importation de la Chine, la valeur de nos produits est cinq fois moindre que celle de l'Allemagne. Il y avait en Chine, d'après les statistiques des douanes maritimes chinoises :

	MAISONS DE COMMERCE	
	françaises.	allemandes.
En 1911......................................	112	258
En 1912......................................	107	276

Au Siam, d'après les rapports officiels sur le commerce extérieur en 1912, la situation est analogue, malgré le privilège que nous crée notre voisinage immédiat.

50 p. 100 des navires qui fréquentent Bangkok battent pavillon allemand. Ils appartiennent au *Norddeutscher Lloyd*. La *Nippon Yushen Kaisha*, qui avait pour un temps essayé de rivaliser avec lui, est entrée en composition et il paraît devoir également sortir victorieux de la concurrence que lui fait une compagnie sino-siamoise.

Cette maîtrise de trafic entre Bangkok et les ports asiatiques assure au commerce allemand un avantage incontestable.

Le vapeur subventionné des *Messageries fluviales « Donnaï »* de 400 tonneaux et un petit caboteur représentent à eux seuls le pavillon français.

Aussi, pour la période 1911-1912 les parts à l'importation se sont élevés respectivement :

Allemagne.....................................	4.782.000 ticaux.
France...	1.714.000 —

(la valeur du tical étant fixée à 1 fr. 90).

Un coup d'œil jeté sur les importations du Siam permet de

retenir les articles suivants, sur lesquels la France n'a aucune part et qui sont fournis par l'Allemagne principalement:

Quincaillerie;
Vêtements;
Cuirs ouvrés;
Articles de papeterie;
Lainages;
Lampes;
Verres et cristaux;

Chanvre manufacturé (pour cet article, l'importation allemande est passée de 8.000 ticaux en 1910 à 55.000 ticaux 1911-1912).

En Indochine même, dans son rapport sur le commerce en 1912, le Directeur des Douanes écrivait : « *A l'exception du pavillon allemand,* qui tend à accaparer de plus en plus le commerce maritime entre Hong-Kong et les ports de la colonie, toutes les nations ont été affectées à des degrés plus ou moins sensibles. » Puis encore : « Le trafic de l'Annam est presqu'entièrement entre les mains du pavillon allemand. »

Ainsi donc, le commerce allemand dans nos colonies es plus considérable qu'il n'apparaît d'après les statistiques; il est également en progression constante; il présente, en outre, un troisième caractère.

L'influence commerciale germanique s'exerce dans les colonies récentes et dans celles auxquelles nous avons fait un large crédit pour leur mise en valeur, les besoins nouveaux créés par e développement rapide de la civilisation pour les pays neufs et l'accroissement de la fortune dans les pays de civilisation ancienne ont amené des demandes toujours croissantes. L'activité commerciale allemande suit tous nos efforts pour en recueillir, dès la première heure, le maximum de bénéfices.

TABLEAU

Marchandises allemandes importées en 1912
dans les colonies françaises.

PAYS	ALLEMAGNE	AUTRICHE-HONGRIE	COLONIES ALLEMANDES	TOTAUX
	francs.	francs.	francs.	francs.
Afrique { occidentale.	8.877.000	279.000	6.994.000	16.150.000
Afrique { équatoriale..	1.998.000	»	1.713.000	3.711.000
Réunion...............	»	»	»	»
Madagascar..........	847.000	30.000	47.000	924.000
Mayotte	5.000	6.000	»	11.000
Somalis...............	805.000	1.626.000	»	2.431.000
Inde..................	4.000	»	»	4.000
Indochine............	1.157.000	150.000	»	1 307.000
Guadeloupe..........	6.000	»	»	6.000
Guyane..............	9.000	»	»	9.000
Océanie..............	182 000	»	»	182.000
Nouvelle-Calédonie ..	83.000	»	»	83.000
TOTAUX........	13.973.000	2.091.000	8.754.000	24.818.000

Avant de soumettre à l'examen la décomposition des chiffres ci-dessus, il est nécessaire de rappeler qu'une des principales causes de la supériorité du commerce étranger a toujours résidé dans la facilité avec laquelle la production se transforme suivant la règle qu'elle s'est imposée de suivre constamment les goûts de la clientèle : la négligence de cette subordination de la production aux nécessités du marché, en maintenant une dangereuse uniformité dans la main-d'œuvre a causé la plupart des déboires de nos entreprises extérieures.

Le bon marché souvent est le seul facteur du succès, *la qualité n'impressionnant jamais l'acheteur indigène.* C'est une observation qui ne saurait être trop souvent rappelée : cher, mais bon ; c'est la devise de nos fabricants. La formule allemande est plus vraie : médiocre, peut-être, mais bon marché : l'achat chez l'indigène, correspondant à une fantaisie et, chez l'européen, à un besoin du moment qui n'exige pas un caractère de durée, par suite même des conditions de la vie coloniale.

Notre industrie, qui dans toutes les branches de l'activité, a acquis une renommée universelle pour la finesse et la beauté de ses produits manufacturés, notamment dans la catégorie des articles de luxe, aurait pu se mettre mieux en évidence dans la fourniture des tissus.

Au Gabon, pour la partie non comprise dans le bassin conventionnel, l'étranger bénéficie d'une plus-value de 300.000 fr. et cependant les tissus étrangers sont frappés à l'entrée d'un droit de 20 p. 100 *ad valorem*, alors que les produits similaires français bénéficient de l'exemption des droits. Le commerce des tissus représente le sixième du chiffre du commerce spécial ; cette énorme proportion est certainement ignorée des industriels français qui ne peuvent se désintéresser d'une production aussi considérable.

Au Dahomey, la situation est la même. La métropole figure pour une faible part dans les transactions. Il est pénible de constater une pareille atonie en présence du magnifique développement des affaires avec l'Allemagne, qui détient toujours le premier rang dans notre commerce avec un chiffre d'affaires de près de 19.500.000 francs sur 41.760.000 francs, soit un pourcentage de 46 p. 100.

C'est que l'industrie n'arrive pas à produire à aussi bon compte que la concurrence étrangère et semble ignorer les articles de traite *qui constituent la base* du commerce africain.

A la Côte d'Ivoire, tandis que la France n'a augmenté ses importations que d'un tiers environ, l'Allemagne a doublé ses envois ; il est bon de noter que les marchandises de provenance germanique qui ont si remarquablement progressé sont :

	ANNÉES	
	1910	1912
	francs.	francs.
Riz	15.000	281.000
Parfumerie	66.000	107.000
Ouvrages en métaux	290.000	408.000
Tissus	414.000	577.000

Ces chiffres ne pourraient que progresser, les marchandises pénétrant de plus en plus dans l'intérieur des colonies, grâce au réseau toujours plus important des voies ferrées.

Au Sénégal, la part de la France dans les tissus de coton est de 17 p. 100; pour les guinées, sous la rubrique « étrangers de France », viennent se grouper des tissus de fabrication étrangère, notamment allemande, et dont le trafic a une tendance à se développer beaucoup plus rapidement que celui des similaires français.

Il faut trouver les causes de l'insuccès des tisseurs français dans ce qu'ils n'ont pas encore adapté leurs procédés de fabrication aux besoins de l'Afrique occidentale, dans la cherté de leurs articles, dans l'exagération des délais de livraison et dans l'importance qu'une commande doit atteindre dans un même dessin.

A Madagascar également, l'activité croissante ¦des maisons allemandes établies dans la colonie, permet à son commerce d'atteindre en 1912, un total de 10 millions (importations et exportations comprises) chiffre supérieur à celui des autres pays étrangers réunis.

Pour l'Océanie, il est malaisé de donner des précisions par suite de la rupture de charge en cours de route; les envois faits à des commissionnaires d'Auckland qui en effectuent la réexpédition sont repris à la douane comme provenant de la Nouvelle-Zélande. Cependant il est permis de dire que l'Allemagne bénéficie d'une augmentation de 95.000 francs portant en grande partie sur l'huile de lin, la tôle et la peinture.

Après avoir constaté la faiblesse de nos ventes, il faut en rechercher les causes générales.

Elles ont été exposées par notre ambassadeur en Angleterre, dans un discours prononcé à la Chambre de commerce française à Londres.

« Trop souvent, les agriculteurs, les commerçants considèrent l'exportation comme une branche accessoire de leurs affaires ; c'est pour eux une soupape de sûreté que l'on fait jouer lorsqu'il y a surproduction sur le marché national. Aussi, ne se donnent-ils pas la peine d'étudier à fond les besoins et les désirs de leurs clients du dehors. On peut expliquer cette *indifférence pour le commerce extérieur* par le fait que le *fabricant français manque d'ambition*; quand il atteint un certain chiffre d'affaires, il s'en contente et ne prend plus la peine d'utiliser des débouchés qui lui sont largement ouverts. »

L'*Office colonial* est à la disposition de notre commerce pour lui faire connaître les divers marchés de nos possessions, leur nature et leur étendue. Les chiffres donnés ci-après représentent de simples indications, mais les renseignements détaillés peuvent être fournis à nos producteurs et à leurs intermédiaires pour leur permettre de s'orienter dans leurs recherches vers de nouveaux débouchés.

TABLEAUX COMPARÉS

DES PRINCIPALES IMPORTATIONS ALLEMANDES ET AUSTRO-HONGROISES

DANS LES POSSESSIONS FRANÇAISES

DÉPENDANT DU MINISTÈRE DES COLONIES

Matières animales.

1. — Produits et dépouilles d'animaux.

Matières végétales.

2. — Farineux alimentaires.
3. — Denrées coloniales de consommation.
4. — Bois.
5. — Boissons.

Matières minérales.

6. — Marbres, pierres, terres, combustibles et minéraux.
7. — Métaux.

Matières fabriquées.

8. — Produits chimiques.
9. — Couleurs.
10. — Compositions diverses.
11. — Poteries.
12. — Verres et cristaux.
13. — Tissus.
14. — Papier et ses applications.
15. — Ouvrages en métaux.
16. — Armes, poudres et munitions.
17. — Meubles.
18. — Ouvrages en bois.
19. — Instruments de musique.
20. — Ouvrages en matières diverses.

Observations.

A) La comparaison des deux années 1907-1912 n'est soumise que pour permettre de suivre la progression constante des marchandises allemandes importées pendant la dernière période quinquennale relevée par les statistiques.

B) En 1907, l'Afrique équatoriale figurait sous le titre général : « Congo français et Dépendances ». Ce n'est qu'ultérieurement qu'elle a été reprise en chapitres spéciaux sous les dénominations de « Gabon, Moyen-Congo et Oubangui ».

C) Les principaux produits importés au Dahomey par la Nigeria ont été également repris, parce qu'il n'est pas douteux qu'ils sont d'origine allemande, d'après la déclaration même du chef du service des douanes au Dahomey, dans son rapport sur le mouvement commercial de la colonie en 1912.

D) Les colonies non mentionnées dans les tableaux ne reçoivent pas d'importations allemandes ou n'en reçoivent que dans des proportions insignifiantes.

Produits et dépouilles d'animaux.

PAYS		ANNÉES	
		1907	1912
		francs.	francs.
Indochine		6.000	10.000
AFRIQUE OCCIDENTALE	Sénégal	»	75.000
	Haut-Sénégal	4.000	»
	Guinée	7.000	15.000
	Côte-d'Ivoire	22.000	70 000
	Dahomey	18.000	54.000
AFRIQUE ÉQUATORIALE	Gabon	»	33.000
	Moyen-Congo et Oubangui	65.000	21.000
Madagascar		3.000	12.000
Côte des Somalis		2.000	1.000
Lait stérilisé	Sénégal	»	60.000
	Côte d'Ivoire	»	15.000

Farineux alimentaires.

PAYS		ANNÉES	
		1907	1912
		francs.	francs.
Indochine........................		18.000	95.000
AFRIQUE OCCIDENTALE	Sénégal....................	30.000	1.218.000
	Haut-Sénégal.............	»	»
	Guinée....................	11.000	11.000
	Côte d'Ivoire...........	7.900	287.000
	Dahomey..................	25.000	568.000
AFRIQUE ÉQUATORIALE	Gabon....................	»	44.000
	Moyen-Congo et Oubangui	21.000	51.000
Madagascar.............................		»	3.000
Côte des Somalis....................		»	5.000
Importations de riz par voie allemande au Sénégal...........................		»	1.080.000

Denrées coloniales de consommation.

PAYS		ANNÉES	
		1907	1912
		francs.	francs.
Indochine............................		94.000	87.000
AFRIQUE OCCIDENTALE	Sénégal....................	10.000	14.000
	Haut-Sénégal............	»	15.000
	Guinée....................	45.000	15.000
	Côte-d'Ivoire.............	9.000	58.000
	Dahomey.................	348.000	879.000
AFRIQUE ÉQUATORIALE	Gabon....................	»	26.000
	Moyen-Congo et Oubangui	48.000	17.000
Madagascar.............................		90.000	17.000
Côte des Somalis......................		58.000	193.000

Parmi ces chiffres figurent :

Indochine. — Cigares............................. 65.000 francs.
Dahomey. — Sucre cassé......................... 282.000 —
Côte des Somalis. — Sucres...................... 193.000 —

Bois.

PAYS		ANNÉES	
		1907	1912
		francs.	francs.
Indochine		»	»
AFRIQUE OCCIDENTALE	Sénégal	21.000	17.000
	Haut-Sénégal	»	»
	Guinée	8.000	31.000
	Côte d'Ivoire	13.000	58.000
	Dahomey	20.000	79.000
AFRIQUE ÉQUATORIALE	Gabon	»	9.000
	Moyen-Congo et Oubangui	1.000	»
Madagascar		10.000	30.000
Côte des Somalis		1.000	172.000

Boissons.

PAYS		ANNÉES	
		1907	1912
		francs.	francs.
Indochine		90.000	42.000
AFRIQUE OCCIDENTALE	Sénégal	300.000	484.000
	Haut-Sénégal	»	11.000
	Guinée	226.000	56.000
	Côte d'Ivoire	806.000	276.000
	Dahomey	700.000	960.000
AFRIQUE ÉQUATORIALE	Gabon	»	69.000
	Moyen-Congo et Oubangui	178.000	62.000
Madagascar		37.000	76.000
Côte des Somalis		26.000	215.000

Les états signataires de « l'acte de Bruxelles » ont manifesté la volonté de frapper de droits de plus en plus élevés l'importation de l'alcool dans certaines régions de l'Afrique pour arriver à la suppression de cet élément de démoralisation des noirs.

Cependant les importations ne cessent de s'augmenter au détriment de la santé physique et morale de nos protégés, non moins que de nos industriels. Malgré la surtaxe applicable aux spiritueux étrangers, l'Allemagne est toujours la grande pourvoyeuse soit directement, soit par la Belgique et la Hollande. A Rotterdam, qui compte plus de 30.000 allemands, les quais ne sont guère qu'une voie de transit vers l'Allemagne.

Suivant les renseignements fournis au service, ce monopole proviendrait, en partie, d'une défectuosité des emballages français ; les fûts ne résisteraient pas aux vents d'est, ou laisseraient même fuir le liquide. Le droit protecteur semble suffisant pour compenser la différence de prix de vente entre la France et l'étranger et rembourser l'achat de fûts neufs à nos distillateurs.

Il est juste d'ajouter que la qualité est également un élément important ; ce sont des *extraits alcooliques* de pomme de terre avariées ou même de bois dont le marché est inondé par nos concurrents, à travers l'Afrique, car l'Abyssin, même musulman, a pris au contact de l'européen le goût de l'alcool.

Au tableau ci-contre, il convient d'ajouter les qualités suivantes importées de Hollande, en 1912.

Sénégal	267.000 francs.
Dahomey	865.000 —
Côte d'Ivoire	475.000 —
Guinée	146.000 —

TABLEAU
2

Marbres, pierres, terres et combustibles minéraux.

PAYS	ANNEES	
	1907	1912
	francs.	francs.
Indochine	78.000	35,000
AFRIQUE OCCIDENTALE — Sénégal	104.000	128.000
AFRIQUE OCCIDENTALE — Haut-Sénégal	»	22.000
AFRIQUE OCCIDENTALE — Guinée	72.000	6.000
AFRIQUE OCCIDENTALE — Côte d'Ivoire	66.000	62.000
AFRIQUE OCCIDENTALE — Dahomey	207.000	490.000
AFRIQUE ÉQUATORIALE — Gabon	»	64.000
AFRIQUE ÉQUATORIALE — Moyen-Congo et Oubanghi	44.000	2.000
Madagascar	4.000	59.000
Côte des Somalis	1.000	69.000

Au Dahomey, les importations portent principalement sur le ciment, pour 46.000 francs et les huiles de pétrole pour 424.000.

A la côte des Somalis, les huiles de pétrole pour 55.000 fr.

Dans le Haut-Sénégal, les importations de jais s'élèvent à 22.000 francs.

Métaux.

PAYS	ANNÉES	
	1907	1912
	francs.	francs.
Indochine	27.000	2.000 (1)
AFRIQUE OCCIDENTALE — Sénégal	38.000	32.000
AFRIQUE OCCIDENTALE — Haut-Sénégal	»	15.000
AFRIQUE OCCIDENTALE — Guinée	17.000	26.000
AFRIQUE OCCIDENTALE — Côte d'Ivoire	28.000	21.000
AFRIQUE OCCIDENTALE — Dahomey	44.000	129.000
AFRIQUE ÉQUATORIALE — Gabon	»	2.000
AFRIQUE ÉQUATORIALE — Moyen-Congo et Oubangui	70.000	18.000
Madagascar	18.000	75.000
Côte des Somalis	9.000	67.000 (2)

(1) De Hong-Kong (origine inconnue) 6.000.000 de francs.
(2) De Belgique : 451.000 francs.

Produits chimiques.

PAYS		ANNÉES	
		1907	1912
		francs.	francs.
Indochine		27.000	22.000 (1)
AFRIQUE OCCIDENTALE	Sénégal	3.000	12.000
	Haut-Sénégal	»	»
	Guinée	43.000	30.000
	Côte d'Ivoire	17.000	6.000
	Dahomey	23.000	149.000
AFRIQUE ÉQUATORIALE	Gabon	»	1.000
	Moyen-Congo et Oubangui	35.000	8.000
Madagascar		3.000	11.000
Côte des Somalis		»	3.000

(1) De Hong-Kong : 676.000 francs.

Les importations de sel raffiné et en barres représentent au Dahomey une valeur de 103.000 francs.

Couleurs.

PAYS		ANNÉES	
		1907	1912
		francs.	francs.
Indochine	Teintures	82.000	27.000 (1)
	Couleurs	14.000	10.000
AFRIQUE OCCIDENTALE	Sénégal	»	3.000
	Haut-Sénégal	»	»
	Guinée	2.000	3.000
	Côte d'Ivoire	6.000	9.000
	Dahomey	6.000	40.000
AFRIQUE ÉQUATORIALE	Gabon	»	»
	Moyen-Congo et Oubangui	1.000	2.000
Madagascar		3.000	6.000
Côte des Somalis		9.000	5.000

(1) A ces sommes pourraient s'ajouter une importation de 195.000 francs de teintures préparées et de 283.000 francs de couleurs, représentant les envois de Hong-Kong, provenant certainement de Hambourg.

Compositions diverses.

PAYS	ANNÉES	
	1907	1912
	francs.	francs.
Indochine	3.000	21.000
AFRIQUE OCCIDENTALE — Sénégal	21.000	38.000
Haut-Sénégal	»	»
Guinée	20.000	18.000
Côte-d'Ivoire	68.000	118.000
Dahomey	46.000	500.000
AFRIQUE ÉQUATORIALE — Gabon	»	34.000
Moyen-Congo et Oubangui	31.000	25.000
Madagascar	1.000	5.000
Côte des Somalis	14.000	29.000

Parfumerie .... Dahomey .... 115.000 francs.
Côte d'Ivoire .... 106.000 —
Sénégal .... 25.000 —

En Indochine, il a été en outre livré à la consommation par importation :

De Hong-Kong .... 2.063.000 francs.
De Singapore .... 377.000 —

Poteries.

PAYS	ANNÉES	
	1907	1912
	francs.	francs.
Indochine	12.000	26.000
AFRIQUE OCCIDENTALE — Sénégal	1.000	3.000
Haut-Sénégal	»	2.000
Guinée	5.000	1.000
Côte d'Ivoire	5.000	2.000
Dahomey	36.000	77.000
AFRIQUE ÉQUATORIALE — Gabon	»	5.000
Moyen-Congo et Oubangui	6.000	7.000
Madagascar	27.000	45.000
Côte des Somalis	3.000	14.000

Verres et cristaux.

PAYS		ANNÉES	
		1907	1912
		francs.	francs.
Indochine		6.000	22.000
AFRIQUE OCCIDENTALE	Sénégal	79.000	60.000
	Haut–Sénégal	»	6.000
	Guinée...................	157.000	107.000
	Côte d'Ivoire	67.000	65.000
	Dahomey.................	49.000	151.000
AFRIQUE ÉQUATORIALE	Gabon	»	20.000
	Moyen-Congo et Oubangui	54.000	26.000
Madagascar.............................		4.000	7.000
Côte des Somalis.........................		51.000	82.000

La verroterie (vitrifications en grains percés ou taillés) figure dans ces chiffres pour les sommes suivantes :

Guinée.................................	102.000	francs.
Sénégal	45.000	—
Côte d'Ivoire	53.000	—
Dahomey..............................	95.000	—

Tissus.

PAYS		ANNÉES	
		1907	1912
		francs.	francs.
Indochine............................		188.000	167.000
AFRIQUE OCCIDENTALE	Sénégal	175.000	348.000
	Haut–Sénégal	»	7.000
	Guinée	234.000	468.000
	Côte d'Ivoire	252.000	577.000
	Dahomey.................	1.090.000	3.434.000
AFRIQUE ÉQUATORIALE	Gabon	»	105.000
	Moyen-Congo et Oubangui	297.000	(1) 359.000
Madagascar.............................		11.000	38.000
Côte des Somalis........................		74.000	1.003.000

(1) En transit à l'entrée de l'Allemagne une somme de 179.000 francs.

Comme pour les boissons, et pour les mêmes motifs, il convient de relever le chiffre des importations des tissus déclarés d'origine belge et hollandaise.

Tissus.

PAYS	PAYS DE PROVENANCE	
	HOLLANDE	BELGIQUE
	francs.	francs.
Sénégal..........................	572.000	45.000
Haut-Sénégal...................	465.000	179.000
Guinée...........................	194.000	187.000
Côte d'Ivoire...................	181.000	»
Moyen-Congo...................	196.000	1.133.000
Madagascar.....................	261.000	»
Côte des Somalis	»	784.000

Papier et ses applications.

PAYS		ANNÉES	
		1907	1912
		francs.	francs.
Indochine..........................		28.000	36.000
AFRIQUE OCCIDENTALE	Sénégal......	7.000	7.000
	Haut-Sénégal.............	»	»
	Guinée....................	3.000	2.000
	Côte d'Ivoire..	2.000	4.000
	Dahomey.................	9.000	26.000
AFRIQUE ÉQUATORIALE	Gabon....................	»	2.000
	Moyen-Congo et Oubangui	7.000	4.000
Madagascar.........................		13.000	28.000
Côte des Somalis....................		35.000	16.000

Ouvrages en métaux.

PAYS		ANNÉES	
		1907	1912
		francs.	francs.
Indochine......................		473.000	363.000
AFRIQUE OCCIDENTALE	Sénégal...................	97.000	110.000
	Haut-Sénégal.............	»	9.000
	Guinée...................	211.000	190.000
	Côte d'Ivoire............	311.000	408.000
	Dahomey.................	338.000	511.000
AFRIQUE ÉQUATORIALE	Gabon...................	»	150.000
	Moyen-Congo et Oubangui	334.000	173.000 (1)
Madagascar....................		183.000	382.000
Côte des Somalis		144.000	220.000 (2)

(1) Transit à l'entrée de l'Allemagne : 116.000 francs.
(2) De Belgique (?) 315.000 francs.

La coutellerie commune figure pour les sommes suivantes :

Dahomey.. 99.000 francs
Côte d'Ivoire... 29.000 —
Sénégal... 10.000 —
Guinée.. 28.000 —
Gabon... 27.000 —
Moyen-Congo .... 58.000 —
Côte des Somalis .... 15.000 —

Les articles de ménage, émaillés, ont été importés à la Côte d'Ivoire, pour une somme de 78.000 francs.

Armes, poudres et munitions.

PAYS		ANNÉES	
		1907	1912
		francs.	francs.
Indochine......................		»	»
AFRIQUE OCCIDENTALE	Sénégal...................	46.000	9.000
	Haut-Sénégal.............	»	»
	Guinée...................	267.000	6.000
	Côte d'Ivoire............	10.000	6.000
	Dahomey.................	37.000	86.000
AFRIQUE ÉQUATORIALE	Gabon...................	»	»
	Moyen-Congo et Oubangui	88.000	»
Madagascar....................		»	»
Côte des Somalis..............		»	»

Meubles.

PAYS		ANNÉES	
		1907	1912
		francs.	francs.
Indochine......................		66.000	84.000
AFRIQUE OCCIDENTALE	Sénégal...................	6.000	6.000
	Haut-Sénégal............	»	»
	Guinée..................	1.000	5.000
	Côte d'Ivoire............	1.000	6.000
	Dahomey.................	4.000	15.000
AFRIQUE ÉQUATORIALE	Gabon...................	»	3.000
	Moyen-Congo et Oubangui	2.000	4.000
Madagascar....		7.000	26.000
Côte des Somalis.....................		9.000	15.000

Ouvrages en bois.

PAYS		ANNÉES	
		1907	1912
		francs.	francs.
Indochine......................		»	2.000
AFRIQUE OCCIDENTALE	Sénégal...................	4.000	5.005
	Haut-Sénégal............	»	»
	Guinée..................	15.000	12.000
	Côte d'Ivoire............	125.000	90.000
	Dahomey.................	35.000	339.000
AFRIQUE EQUATORIALE	Gabon...................	»	2.000
	Moyen-Congo et Oubangui	4.000	4.000
Madagascar...........................		»	3.000
Côte des Somalis.....................		43.000	»

Instruments de musique.

PAYS		ANNÉES	
		1907	1912
		francs.	francs.
Indochine......................		8.700	4.000
AFRIQUE OCCIDENTALE	Sénégal..................	3.000	4.000
	Haut-Sénégal............	»	»
	Guinée..................	1.000	3.000
	Côte-d'Ivoire............	10.000	13.000
	Dahomey	3.000	10.000
AFRIQUE ÉQUATORIALE	Gabon	»	7.000
	Moyen-Congo et Oubangui	8.000	10.000
Madagascar............................		20.000	14.000
Côte des Somalis..........................		3.000	4.000

Ouvrages en matières diverses.

PAYS		ANNÉES	
		1907	1912
		francs.	francs.
Indochine.............................		490.000	219.000
AFRIQUE OCCIDENTALE	Sénégal................	50.000	127.000
	Haut-Sénégal	»	3.000
	Guinée	341.000	143.000
	Côte-d'Ivoire............	57.000	125.000
	Dahomey................	117.000	412.000
AFRIQUE ÉQUATORIALE	Gabon	»	43.000
	Moyen-Congo et Oubangui	85.000	63.000
Madagascar..............................		20.000	59.000
Côte des Somalis..........................		20.000	80.000

La bimbeloterie (jeux, jouets et autres) est représentée par les chiffres suivants :

Indochine..	110.000 francs.	
En outre, par voie de Hong-Kong................	164.000	—
— de Singapore....................	21.000	—
Sénégal	48.000	—

Au Dahomey, les articles de fumeurs (pipes, etc.) représentent une somme de 93.000 francs.

LES IMPORTATIONS ALLEMANDES ET AUSTRO-HONGROISES
DANS LES COLONIES FRANÇAISES EN 1913

Comme suite à la note qui précède nous donnons ci-dessous un tableau des importations de cette origine pour l'année 1913, en rappelant que les chiffres de 1907 étaient de 12.625.000 francs et qu'ils s'étaient élevés à 23.105.000 **francs** en 1911 et à 24.818.000 francs en 1912.

COLONIES	ALLEMAGNE	AUTRICHE-HONGRIE	COLONIES ALLEMANDES	TOTAUX
	francs.	francs.	francs.	francs.
Afrique { occidentale.	8.538.000	166.000	1.368.000	10.072.000
Afrique { équatoriale.	1.837.000	»	1.624.000	3.461.000
Madagascar..........	1.067.000	19.000	138.000	1.224.000
Côte des Somalis	1.002.000	1.981.000	»	2.983.000
Inde................	46.000	»	»	46.000
Indochine............	3.836.000	175.000	»	4.011.000
Guyane..............	8.000	4.000	»	12.000
Nouvelle-Calédonie ..	104.000	»	»	104.000
Océanie.............	231.000	»	»	231.000
TOTAUX........	16.669.000	2.345.000	3.130.000	22.144.000

Ces chiffres présentent une diminution de 2.674.000 francs sur les chiffres de l'année 1912 qui s'élevaient à 24.818.000 fr., mais il faut se garder d'y voir un ralentissement dans l'activité commerciale de l'Allemagne. Il est à remarquer en effet que le fléchissement porte presque exclusivement sur les importations faites dans nos possessions de l'Ouest africain.

Les causes de cette régression tiennent à ce que les facultés d'achat des indigènes en Guinée, à la Côte d'Ivoire, dans le Haut-Sénégal-Niger ont été réduites par suite de la crise sur le caoutchouc; au Dahomey, c'est la sécheresse persistante qui a pesé lourdement sur les transactions en réduisant le rendement des amandes de palme employées pour la fabrication de l'huile de palme.

Dans nos autres colonies, les importations allemandes sont en augmentatiou très sensible, ainsi que le montre le tableau comparatif suivant :

COLONIES	ANNÉES		AUGMENTATION	DIMINUTION
	1912	1913		
	francs.	francs.	francs.	francs.
Afrique { occidentale .	16.150.000	10.072.000	»	6.078.000
Afrique { équatoriale .	3.711.000	3.461.000	»	250.000
Madagascar	294.000	1.224.000	239.000	»
Côte des Somalis	2.431.000	2.983.000	552.000	»
Inde	4.000	46.000	42.000	»
Guyane.............	9.000	12.000	3.000	»
Océanie	182.000	231.000	49.000	»
Nouvelle-Calédonie ..	83.000	104.000	21.000	»
Indochine	1.307.000	3.011.000	2.704.000	»
TOTAUX..................			3.660.000	6.334.000
En moins...........			2.674.000	

L'écart considérable constaté pour l'Indochine entre les deux années 1912 et 1913 est dû pour la plus grande part à une heureuse récolte de riz qui a augmenté des disponibilités de la population indigène. Cependant certains chiffres doivent retenir l'attention. Ils montrent que l'Allemagne nous concurrençait non-seulement dans la vente des articles bon marché, mais qu'elle s'organisait également pour lutter dans nos colonies contre les différentes formes de l'industrie française.

Le tableau ci-après fait ressortir les principales différences constatées dans le commerce allemand d'importation en Indo-chine en 1912 et en 1913.

DÉSIGNATION	ANNÉES	
DES MARCHANDISES	1912	1913
	francs.	francs.
Bière................................	23.000	270.000
Produits chimiques	22.000	124.000
Teintures.............................	27.000	76.000
Poteries (porcelaines décorées)	26.000	138.000
Tissus...............................	167.000	265.000
Ouvrages en métaux.....................	363.000	1.023.000
Serrurerie............................	25.000	62.000
Meubles..............................	84.000	125.000
Pianos...............................	4.000	19.000
Bimbeloterie..........................	110.000	310.000

Note sur les Exportations des Colonies françaises
en Allemagne et en Autriche-Hongrie

Dans l'étude de la participation allemande au mouvement commercial des colonies françaises, l'examen des importations est la question qui se présentait à la pensée comme la plus pressante. On pourrait presque dire, sans être taxé de paradoxe, que c'est renverser les termes du problème.

Si cette connaissance fait en effet ressortir l'importance du marché dont notre commerce doit rechercher la conquête, l'examen des exportations présente un intérêt tout aussi considérable pour le moins et soulève, peut-être, des questions plus complexes.

Il s'agit en effet de rechercher les matières premières dont la vente constitue la capacité d'achat des indigènes, dont le transport représente une des sources de richesse de la marine nationale et qui, après avoir reçu les diverses transformations de l'industrie, se répandent dans le monde et peuvent même revenir au lieu d'origine sous la forme de matières fabriquées, après avoir procuré ainsi de l'activité aux compagnies de navigation, aux ports, aux usines et aux multiples intermédiaires de transmission.

Il faut donc regarder tout d'abord les pays d'outre-mer au point de vue de leur production ; les lois économiques n'ont pas changé depuis que les Phéniciens allaient demander de l'étain aux îles Cassitérides et que, dans les temps modernes, les Anglais, les Espagnols, les Hollandais cherchaient des routes conduisant au pays des épices.

En envisageant ainsi le caractère des colonies, deux questions importantes relatives au commerce allemand peuvent recevoir une explication qui semble satisfaisante.

Pourquoi l'Allemagne, pays d'émigration si actif pendant de longues années, n'avait-elle cependant jamais eu de domaine colonial ? Des raisons historiques ont été proposées, son manque d'unité politique également. Il paraît plus vraisemblable d'admettre qu'avant 1870 l'Allemagne était un pays presque exclusivement agricole et que c'est l'évolution industrielle survenue après la mise en vigueur des tarifs douaniers de 1879 qui a déterminé la poursuite d'un empire colonial dont la possession lui aurait permis de s'affranchir progressivement du tribut payé à l'étranger.

M. DE BULOW, dans son ouvrage paru sous ce titre : *La poli-tique allemande*, montre la proportion rapide avec laquelle a décru l'émigration (1) allemande, alors que la natalité s'élevait davan-tage. On pourrait la comparer et trouver une corrélation avec les importations de matières premières qui ont permis de retenir sur la terre natale une population cependant toujours plus nombreuse.

Le ministre actuel des finances à Berlin écrivait l'an dernier :

« La prospérité de l'Allemagne de 1888 à 1913 montre l'im-portance des importations de matières premières ». Il souligne ainsi le rôle joué par ces importations comme facteur de la pros-périté générale.

Importations en Allemagne.

	MILLIONS DE MARKS	
	1887	1912
Matières premières industrielles..............	1.310,3	5.882,6
Denrées alimentaires	965,7	2.944,6
Bétail		256

La flotte de la marine marchande suivait naturellement un développement parallèle.

Quant aux objets fabriqués, il en a été importé en 1912 pour 1.608 millions de marks ; il en a été exporté pour 5.787 millions de marks. Ce dernier chiffre montre l'importance, au point de vue industriel, de l'introduction des matières premières en Allemagne.

Nos commerçants sont fréquemment invités à établir, à l'image de l'Allemagne, l'article bon marché, de traite, mais les chiffres cités plus haut montrent que la concurrence germanique était facilitée par les importations de matières premières qui exerçaient une répercussion sur les prix de fabrication. Il n'est pas douteux, en effet, qu'un navire, dont le trajet de la côte d'Afrique à Hambourg constituait la partie essentielle du voyage, pouvait en retour con-sentir une réduction de fret sur les produits manufacturés, d'où une cause de supériorité pour le fabricant.

---

(1) En 1885, le chiffre des émigrants s'élevait annuellement à 171.000. Depuis, ce chiffre s'est abaissé progressivement à 22.000. – L'excédent des naissances sur les décès n'a fait cependant que s'accroître ; il était de 503.000 en 1889 et s'est élevé à 884.000 en 1909.

Les économistes anglais n'ont pas manqué de souligner l'importance de cette question ; l'un d'eux écrivait dernièrement dans *European trade and the war* :

« Il est sans doute fâcheux que certaines branches qui devraient profiter de la guerre, se trouvent gênées par la fermeture de leurs sources ordinaires de matières brutes, mais on peut espérer que cette leçon servira à montrer à nos manufacturiers et aux propriétaires de nos fabriques l'importance pour eux de devenir moins dépendants d'un pays étranger pour la fourniture des matières premières nécessaires à leur industrie. Ayant à notre disposition toutes les ressources de l'empire britannique, il y a peu ou même point d'excuses pour cette dépendance d'une source étrangère. »

Cette nécessité de produits exotiques pour les demandes de l'industrie poussait les allemands au développement intensif de leurs colonies.

Le *Nautilus 1913* donne le tableau suivant pour les exportations (en milliers de marks).

Tableau

EXPORTATIONS

COLONIES	ANNÉES							
	1904	1905	1906	1907	1908	1909	1910	1911
Afrique orientale.............	8.951	9.950	10.995	12.500	10.874	13.120	20.805	22.438
Cameroun...................	8.021	9.315	9.946	15.891	12.104	15.701	19.924	21.251
Togo.....................	3.551	3.957	4.199	5.916	6.803	7.873	7.222	9.317
Afrique occidentale...........	299	216	383	1.616	7.795	22.071	34.692	26.873
Iles du Pacifique.............	2.247	2.469	2.516	3.470	6.053	8.328	14.665	13.026
Samoa.....................	1.675	2.029	3.026	1.770	2.671	3.021	3.534	4.390
Kiao-Tchéou.................	14.749	19.983	24.717	34.225	32.507	47.344	54.782	60.561
TOTAUX.............	39.493	47.819	55.882	75.388	79.047	116.957	155.574	158.556

(Les importations en 1912 ont atteint 200 millions de marks.)

L'examen de la participation de l'Allemagne dans les achats de nos produits coloniaux fait ressortir une double nécessité pour la métropole de s'affranchir d'un intermédiaire étranger ; des produits à l'état brut nous étaient fournis par l'Allemagne qui les achetait dans nos possessions. C'est le cas des bois originaires du Congo et des peaux brutes de bœuf. D'autre part, si la vieille théorie de la balance du commerce qui évaluait la richesse d'un pays par l'excédent de ses exportations sur ses importations est abandonnée pour les pays d'ancienne civilisation, où interviennent trop d'éléments non apparents dans les statistiques, elle a conservé sa signification pour les pays neufs dont le commerce extérieur reflète réellement l'état de prospérité. Et comme la plupart de nos possessions africaines sont des pays à cultures peu variées, sinon à monoculture, il importe d'ouvrir le plus largement possible nos ports à nos produits coloniaux qui constituent l'essentielle ressource et l'unique moyen d'achat de nos protégés indigènes.

Les exportations des colonies françaises se sont élevées en 1913 à la somme de 765.140.000 francs, la participation de l'Allemagne a été de 48.374.000 francs se répartissant dans nos différentes possessions d'après le tableau ci-après.

Denrées et marchandises du cru des colonies exportées en Allemagne et en Autriche-Hongrie pendant les années 1907 et 1913.

COLONIES	ANNÉES				
	1907		1913		
	COLONIES allemandes.	ALLEMAGNE	COLONIES allemandes.	ALLEMAGNE	AUTRICHE
	francs.	francs.	francs.	francs.	francs.
Sénégal.............	»	2.039.270	»	7.155.000	»
Guinée..	»	3.019.625	»	3.718.000	»
Côte d'Ivoire........	»	332.632	»	2.871.000	»
Dahomey............	11.573	1.667.160	148.000	10.155.000	»
Gabon	6.416	1.976.158	34.000	3.628.000	»
Congo			34.000	232.000	→
Madagascar..........	»	4.973.599	»	10.064.000	96.000
Somalis.............	»	»	»	5.254.000	138.000
Indochine...........	»	2.985.302	»	4.415.000	»
Océanie............	»	82.563	»	58.000	»
Nouvelle-Calédonie ..	»	280.000	»	374.000	»
TOTAUX.....	17.989	17.356.309	216.000	47.924.000	234.000
	17.450.298		48.374.000		

3

Les principales exportations chargées directement pour l'Allemagne concernent les produits suivants :

Matières animales.

Peaux brutes de bœuf.
Nacre de perle.
Cire brute.
Guano.
Défenses d'éléphants.

Matières végétales.

Arachides.
Caoutchouc.
Vanille.
Riz.
Coprah.
Bois.
Raphia.
Rabanes.
Écorces à tan.
Café.
Amandes de palme.
Maïs.
Coton en laine.
Pois du Cap.

Matières minérales.

Graphite.
Minerai de zinc.
Minerai de nickel.

Comme l'observation en a été faite au sujet des importations, il convient de dire que la part réelle des exportations en Allemagne était certainement plus importante que la part apparente relevée par les statistiques. A la côte d'Afrique, jusqu'en 1913, la totalité des marchandises exportées en Nigéria était reprise à cette colonie alors qu'en réalité la plus grande partie ne faisait qu'y transiter à destination de l'Allemagne. C'est ainsi que les sorties de noix de palme, de cette colonie vers l'Allemagne, étaient suffisantes pour nécessiter le maintien d'une compagnie de navigation allemande.

Il est intéressant de donner, d'après l'*African mail*, une nomenclature de quelques produits expédiés de la Nigéria sur le port de Hambourg.

Exportations en 1913.

PRODUITS	VALEURS	
	TOTALES	DES EXPORTATIONS en Allemagne.
	livres sterlings.	livres sterlings.
Coprah..........................	1.891	1.688
Noix de palme...	3.109.820	2.405.626
Peaux..........................	166.384	84.485
Arachides......................	174.716	93.668
Tourteaux de noix	31.484	31.484

En Indochine également, les envois directs ne correspondent pas exactement au mouvement du commerce avec l'Allemagne, les affaires étant traitées, pour la plus grande partie, par l'intermédiaire des ports de Singapour et de Hongkong, où les allemands avaient acquis une situation exceptionnelle mise avec éclat en relief dans un rapport économique publié à Berlin et dont il est instructif de citer un extrait : « Le développement remarquable pris en Extrême-Orient par le commerce allemand a été cause d'une grande surprise pour pas mal d'étrangers qui entretenaient l'idée que la suprématie de l'Angleterre était quelque chose d'absolu. Les maisons allemandes réussissent du reste aussi bien dans les colonies britanniques que dans les autres régions de l'Extrême-Orient. Les établissements des Détroits appartiennent à l'Angleterre, mais leur commerce est dominé par les allemands. Ce sont eux qui viennent en tête au Siam pour le commerce et la navigation ; *même à Hongkong, les Allemands ont réussi à évincer leurs concurrents anglais.* »

Notre libéralisme commercial a été parfois critiqué et les méthodes anglaises sont proposées comme des modèles pour nous en inspirer. La situation acquise par les Allemands en Nigéria et à Hongkong montre qu'il ne faut rien exagérer, et que nous devons nous garder d'une critique trop absolue qui serait injuste pour notre œuvre coloniale et pour les différentes manifestations commerciales qui s'y rapportent.

État des principales exportations des Colonies françaises en Allemagne et en Autriche-Hongrie.

Peaux brutes de bœuf. (Exportations en Allemagne.)

PAYS D'ORIGINE	ANNÉES			
	1907		1913	
	QUANTITÉS	VALEURS	QUANTITÉS	VALEURS
	kilos.	francs.	kilos.	francs.
Guinée	151.000	243.000	395.000	692.000
Madagascar	1.265.000	1.701.000	2.244.000	3.925.000
Indochine	5.000	4.000	70.000	175.000
Côte des Somalis	»	»	1.996.000	2.994.000

Les peaux constituent un produit pour lequel nos colonies trouveront toujours un large débouché dans la métropole, puisque celle ci, pour les besoins de son industrie, en importe tous les ans de l'étranger pour plus de 100 millions de francs; les principales provenances sont la Belgique, l'Allemagne, le Brésil, l'Uruguay et la République Argentine.

Peaux brutes grandes. (Importations en France en 1913.)

Belgique	50.660	quintaux.
Allemagne	42.738	—
Brésil	99.386	—
Uruguay	28.848	—
République Argentine	13.903	—
Autres pays	355.751	—
TOTAUX	591.286	quintaux.
Pour	146.048.000	francs.

A Madagascar si, comme tout porte à le croire, la fabrication des conserves de viande et des viandes frigorifiées continue à s'étendre, le commerce des peaux prendra bientôt une place encore plus importante.

A la côte des Somalis, il est à prévoir que le mouvement ne fera que progresser au fur et à mesure que la voie ferrée pénétrera plus avant dans le pays et que Djibouti deviendra le point de transit obligé pour toutes les marchandises provenant de l'Abyssinie.

Nacre de perles. (Exportations en Allemagne.)

PAYS D'ORIGINE	ANNÉES			
	1907		1913	
	QUANTITÉS	VALEURS	QUANTITÉS	VALEURS
	kilos.	francs.	kilos.	francs.
Océanie...................	14.000	23.000	3.000	6.000
Indochine	»	»	156.000	31.000

Défenses d'éléphants. (Exportations en Allemagne.)

PAYS D'ORIGINE	ANNÉES			
	1907		1913	
	QUANTITÉS	VALEURS	QUANTITÉS	VALEURS
	kilos.	francs.	kilos.	francs.
Sénégal	149	2.200	»	»
Guinée....................	146	1.460	1.869	29.900
Congo	61	1.100	4.283	99.000
Dahomey..................	5	75	16	256
Gabon....................	»	»	158	3.700

Cire brute. (Exportations en Allemagne.)

| PAYS D'ORIGINE | ANNÉES | | | |
| | 1907 | | 1913 | |
	QUANTITÉS	VALEURS	QUANTITÉS	VALEURS
	kilos.	francs.	kilos.	francs.
Madagascar	180.000	453.000	288.000	846.000
Indochine	»	»	3.000	10.000
Guinée...................	2.600	6.000	18.000	14.000
Côte des Somalis	»	»	318.000	910.000

Engrais. — Guano. (Exportations en Allemagne.)

	Année 1913	
	kilos.	francs.
Madagascar........................	12.422.000	1.248.000

En 1913, Madagascar a exporté en France 260.000 kilos de ce produit, d'une valeur de 39.000 francs.

Arachides. (Exportations en Allemagne.)

| | Années | | | |
	1907		1913	
	kilos.	francs.	kilos.	francs.
Sénégal	4.000.000	800.000	25.640.000	6.380.000

L'Allemagne adressait des demandes en augmentation constante ; cette déviation du courant commercial est imputable à diverses causes dont la principale serait qu'à Marseille les graines se trouveraient concurrencées en qualité et en valeur par les arachides provenant des Indes orientales et de l'Égypte, mais le marché de Bordeaux, créé depuis quelques années, se développait au détriment de ceux de Liverpool et de Hambourg.

Caoutchouc. (*Exportations en Allemagne.*)

PAYS D'ORIGINE	ANNÉES			
	1907		1913	
	QUANTITÉS	VALEURS	QUANTITÉS	VALEURS
	kilos.	francs.	kilos.	francs.
Côte d'Ivoire..............	29.000	133.000	49.000	195.000
Guinée......................	229.000	2.058.000	222.000	1.482.000
Gabon............	3.000	15.000	10.000	65.000
Moyen-Congo			18.000	135.000
Madagascár..................	291.000	1.545.000	127.000	585.000
Sénégal.....................	151.000	853.000	20.000	109.000

Vanille. (*Exportations en Allemagne.*)

PAYS D'ORIGINE	ANNÉES			
	1907		1913	
	QUANTITÉS	VALEURS	QUANTITÉS	VALEURS
	kilos.	francs.	kilos.	francs.
Madagascar..................	1.577	28.680	6.418	252.000
Océanie.....................	1.919	9.600	1.554	32.000

A Madagascar, la vanille, dont les plantations deviennent de plus en plus nombreuses et importantes, a suivi depuis ces dernières années une progression constante.

Il est intéressant de relever l'accroissement du chiffre des exportations de la vanille vers l'Allemagne où, d'autre part, la fabrication de la vanilline obtenue par l'oxydation des essences de girofle ou extraite de la houille était très active.

On sait que ce dernier produit peut présenter des dangers pour la consommation et provoquer des accidents graves qu'on appelle le vanillisme.

Riz. (Exportations en Allemagne.)

PAYS D'ORIGINE	ANNÉES			
	1907		1913	
	QUANTITÉS	VALEURS	QUANTITÉS	VALEURS
	kilos.	francs.	kilos.	francs.
Indochine	35.000.000	2.952.000	50.422.000	3.530.000
Madagascar	»	»	175.000	19.000

Le riz d'Indochine exporté en Allemagne se charge à Saïgon pour Brême et pour Hambourg ; il en est réexporté par voie allemande des quantités considérables, généralement à destination du Portugal, de la Côte occidentale d'Afrique, de la Turquie d'Asie, des Antilles, de Cuba et des pays de l'Amérique du Sud.

Peut-être une partie des affaires auxquelles ces importants mouvements donnent lieu pourrait-elle être traitée directement par la colonie si les rizeries de Saïgon parvenaient à perfectionner leurs procédés de glaçage et à concurrencer les usines allemandes de Hambourg et surtout de Brême.

Bois . (Exportations en Allemagne.)

PAYS D'ORIGINE	ANNÉES			
	1907		1913	
	QUANTITÉS	VALEURS	QUANTITÉS	VALEURS
	tonnes.	francs.	tonnes.	francs.
Congo et Gabon.............	19.000	1.950.000	67.000	3.520.000
Côte d'Ivoire.................	»	»	5.802	725.000
Madagascar.................	326	48.000	1.342	259.000

Les essences du Gabon, si variées et si riches, étaient encore peu connues, il y a quelques années, mais grâce aux efforts soutenus du commerce et de l'administration, elles se sont acquis des cours largement rémunérateurs sur les marchés d'Europe et il en est résulté une très grande activité dans le domaine forestier.

Les marchés du Havre et de Bordeaux tendent à prendre une place importante dans le commerce de ces produits.

Rafia. (Provenance de Madagascar.)

PAYS	ANNÉES			
	1907		1913	
	QUANTITÉS	VALEURS	QUANTITÉS	VALEURS
	kilos.	francs.	kilos.	francs.
Allemagne	1.240.000	554.000	1.824.000	1.044.000
Autriche...................	»	»	156.000	94.000

Il est intéressant de remarquer la progression de l'exportation vers l'Allemagne du rafia de Madagascar, qui s'est élevée de 554.000 francs en 1907 à 1.257.000 francs en 1912, et à 1.044.000 francs en 1913.

En dehors de ses usages ordinaires, dans l'agriculture notamment, où il est utilisé comme lien, le rafia est également employé par l'artillerie pour la garniture des casiers destinés à contenir les obus.

Rabanes. (Exportations en Allemagne.)

PAYS D'ORIGINE	ANNÉES			
	1907		1913	
	QUANTITÉS	VALEURS	QUANTITÉS	VALEURS
	kilos.	francs.	kilos.	francs.
Madagascar (ordinaires)	»	»	11.000	31.000
— (fines)	»	»	3.500	17.000

Écorces à tan. *(Exportations en Allemagne.)*

	ANNÉES			
	1907		1913	
	kilos.	francs.	kilos.	francs.
Madagascar........	7.698.000	552.000	20.681.955	1.367.000

Il s'agit d'une exportation toute nouvelle, reprise sous une rubrique spéciale depuis 1906 seulement. Elle a pris de suite une grande importance et l'Allemagne s'en était acquis pour ainsi dire le monopole occasionnel. La part de la France en 1913 a été de 95.000 francs (1).

Amandes de palme. *(Exportations en Allemagne.)*

PAYS D'ORIGINE	ANNÉES			
	1907		1913	
	QUANTITÉS	VALEURS	QUANTITÉS	VALEURS
	kilos.	francs.	kilos.	francs.
Sénégal.....................	1.430.725	332.391	1.635.000	654.000
Côte d'Ivoire................	965.000	162.000	5.069.000	1.830.000
Dahomey....................	5.173.000	1.311.000	24.022.000	9.196.000
Guinée......................	3.385.000	677.000	4.313.000	1.464.000
Gabon	16.000	4.000	93.000	30.000

Les demandes des corps gras présentent des perspectives presqu'illimitées et les progrès de la chimie industrielle ne feront qu'en multiplier les applications.

Huile de palme. *(Exportations en Allemagne.)*

	ANNÉES			
	1907		1913	
	kilos.	francs.	kilos.	francs.
Dahomey..............	276.000	123.000	265.000	130.000
Côte d'Ivoire..........	19.000	7.000	185.000	93.000

(1) Les milieux coloniaux allemands se préoccupaient depuis longtemps de trouver des teintures et tanins pour le traitement des peaux. Alors que les ressources de Madagascar n'étaient pas encore reconnues, ils projetaient l'organisation d'une expédition chargée de rechercher dans les colonies allemandes, ou dans l'une d'elles, de vastes plantations d'arbres fournissant du tan, ou une substance analogue propre aux mêmes usages. On aurait désigné à cet effet quelques spécialistes et l'établissement d'expériences pour la fabrication des cuirs, qui se trouve à Freyberg, se serait déclaré prêt à apporter à cette expédition le concours de ses conseils et de son argent.
Ces renseignements sont empruntés à la *Börsen Zeitung*.
Ils montrent l'importance que les Allemands attachaient à ces produits et l'avantage que nous aurions à augmenter nos importations, pour le bénéfice de la Grande-Ile.

Au Dahomey, la plus grande partie de la production est drainée par l'étranger au détriment de Marseille ; Hambourg était avec Liverpool parmi les premiers marchés du monde pour les palmistes. Nos huiles y étaient de plus en plus appréciées, un certificat attestant que ces produits étaient originaires de Porto-Novo suffisait pour leur assurer en Europe la plus haute cote de la Bourse.

Nos ports français, notamment Marseille, Bordeaux et Le Havre, paraissent désignés pour recevoir les produits de cette nature précédemment dirigés sur Hambourg.

Maïs. (Exportations en Allemagne.)

	ANNÉES			
	1907		1913	
	kilos.	francs.	kilos.	francs.
Dahomey.............	4.416.000	220.000	8.500.000	680.000

On relève pour la première fois en 1907 une exportation du maïs du Dahomey, à destination de la métropole. Ce résultat heureux est dû à l'initiative des *Chargeurs réunis* qui, après entente avec les distillateurs du Nord, s'emploient à établir à Dunkerque un débouché pour ce produit.

Coton en laine. (Exportations en Allemagne.)

PAYS D'ORIGINE	ANNÉES			
	1907		1913	
	QUANTITÉS	VALEURS	QUANTITÉS	VALEURS
	kilos.	francs.	kilos.	francs.
Dahomey..................	3.800	7.800	83.000	104.000
Océanie	21.800	24.000	12.000	19.000

D'après certains renseignements, le Dahomey exporterait à destination de l'Allemagne encore plus de coton qu'il n'en est repris à la statistique ; il sort tout le long de la frontière et il n'est pas possible au Service d'en connaître les quantités. Trente-sept tonnes auraient été exportées au Togo en 1913 pour y être égrenées et expédiées ensuite en Allemagne dans l'unique but de faire croire *que le coton est originaire du Togo* (1).

Pois du Cap. (Exportations en Allemagne.)

	Années			
	1907		1913	
	kilos.	francs.	kilos.	francs.
Madagascar............	»	»	159.000	65.000

Graphite. (Exportations en Allemagne.)

	Années			
	1907		1913	
	kilos.	francs.	kilos.	francs.
Madagascar............	»	»	300.000	132.000

Minerai de zinc. — Calamine. (Exportations en Allemagne.)

	Années			
	1907		1913	
	kilos.	francs.	kilos.	francs.
Indochine..............	»	»	930.000	121.000

Il est intéressant de relever qu'en 1913 l'Indochine a exporté en Belgique une quantité de 12.500.000 kilos de minerai de zinc, d'une valeur de 1.634.000 francs. On peut se demander si cette grosse quantité restait en Belgique et si elle n'était pas réexportée vers l'Allemagne (2).

Minerai de nickel. (Exportations en Allemagne.)

	Années			
	1907		1913	
	kilos.	francs.	kilos.	francs.
Nouvelle-Calédonie....	8.017.000	280.000	12.566.000	374.000

(1) Les Allemands attachaient un grand prix à cette culture et ne négligeaient aucun moyen pour exalter la valeur et leurs procédés de mise en valeur de leurs colonies. Dans une conférence faite à Dresde en 1909, le Secrétaire d'État aux colonies signalait les progrès réalisés dans les colonies allemandes et qu'il avait pu apprécier au cours de son voyage d'études. Il montrait l'importance de la production de coton dans le Togo et dans l'Est-Africain où elle s'élèverait à un chiffre double de celui des colonies voisines de l'Afrique anglaise de l'Est et de l'Uganda.

(2) Il convient de rappeler que les statistiques qualifient les marchandises par frontière et que toutes nos marchandises entrées par la Belgique sont classées au compte de cette puissance bien que parfois à destination définitive de l'Allemagne; Anvers et Rotterdam étaient les deux poumons qui faisaient respirer l'Allemagne occidentale sur la mer.

Note sur le Mouvement de la Navigation par pavillons allemand et austro-hongrois dans les colonies françaises.

Il ne paraîtra peut-être pas inutile, avant d'exposer la situation de la marine marchande allemande dans nos colonies, de donner le chiffre du mouvement commercial des possessions allemandes qui nous touchent de si près, en Afrique particulièrement, et qui se trouvaient en partie, jusqu'à l'ouverture des hostilités desservies par les mêmes lignes de vapeurs.

Le tableau ci-après, établi d'après la statistique allemande, donne la progression du commerce de l'empire colonial de l'Allemagne durant ces dernières années.

ANNÉES	COMMERCE TOTAL Valeurs.	PART DE L'ALLEMAGNE	
		VALEURS	PROPORTION
	marks.	marks.	p. 100.
1905............	164.000.000	64.000.000	39,3
1906............	247.000.000	65.000.000	26,4
1907............	246.000.000	66.000.000	26,7
1908............	226.000.000	93.000.000	41,7
1909............	293.000.000	119.000.000	40,7
1910............	349.000.000	157.000.000	45
1911............	370.000.000	166.000.000	45

Ainsi, bien que ses acquisitions territoriales soient récentes et ne remontent pas à plus de 27 ans, la participation de l'Allemagne avec ses colonies s'est rapidement développée et dépasse le pourcentage de la France avec les siennes, proportion qui se maintient sensiblement entre 42 et 43 p. 100, exactement 43,61 p. 100 en 1912.

D'autre part, le mouvement de la navigation en 1912 dans les colonies allemandes, a été le suivant, d'après le *Nauticus 1913*.

TRAFIC MARITIME

DÉSIGNATION	AFRIQUE ORIENTALE	CAMEROUN	TOGO	AFRIQUE OCCIDENTALE	NOUVELLE- GUINÉE	CAROLINES MARSHALL	MARIANNES	SAMOA	KIAO- TCHÉOU
Nombre de navires ayant fait escale (voiliers et vapeurs)...............	897	536	275	401	717	175	159	132	614
Milliers de tonnes..	1.801	1.551	567	1.296	468	163	131	141	1.070
Vapeurs allemands..................	520	242	171	323	576	48	111	2	258
Vapeurs d'autres pavillons	29	154	104	52	»	48	»	107 (▲)	355
Navires à voiles	4	»	»	26	116	66	38	14	1
Navires de guerre	344	140	»	»	25	13	10	9	»

(▲) Pavillon anglais.

Les contrats conclus avec le *Norddeutscher Lloyd*, de Brême, comportent les subventions suivantes pour les lignes coloniales intéressant nos possessions d'Asie :

Lignes d'Extrême-Orient	3.420.000	marks.
— d'Australie	1.900.000	—
— Australie-Hongkong	500.000	—
— Singapore-Nouvelle-Guinée	200.000	—
— Service des Iles	70.000	—
TOTAL	6.090.000	marks.
Soit	7.612.000	francs.

La flotte de cette compagnie représentait, il y a quelques années, un tonnage de 700.000 tonnes; elle n'était dépassée que par la *Hambourg Amérika*, qui atteignait un tonnage de 900.000 tonnes.

La *Deutsche Ost Afrika Linie* recevait de son côté une subvention de 1.350.000 marks (1.687.000 fr.).

Ajoutons que le tonnage total de la flotte de commerce allemande qui était de 1.502.000 tonnes en 1896, s'élevait en 1913 à 3.153.724 tonnes.

Le commerce et la marine allemande tendent à jouer un rôle toujours plus important dans nos colonies, aussi bien sur les côtes africaines qu'en Indochine.

Nous ne reviendrons pas sur ce qui a été dit au sujet de la qualité des marchandises, s'il convient de s'en tenir à l'article de bonne qualité, ou s'il est préférable d'offrir comme le font les industriels étrangers des articles à bon marché et de qualité inférieure.

Il convient maintenant d'appeler l'attention des intéressés sur la part croissante prise par les pavillons allemands et austro-hongrois dans le mouvement de la navigation dans nos colonies.

Ce sont les transports rapides et à bas prix qui contribuent à l'extension de la marine marchande étrangère. Il appartient à nos compagnies de navigation d'examiner si, pour faciliter le développement économique de nos possessions, il ne serait pas possible de réduire sensiblement les prix des transports, surtout lorsqu'il s'agit de produits dont la valeur marchande est relativement faible.

Le mouvement général des ports (long cours et cabotage réunis) des colonies et pays de protectorat qui *relèvent du Ministère des Colonies* s'est élevé, en 1912, à 136.721 navires jaugeant 29.940.668 tonnes.

Les marchandises débarquées représentent 2.108.106 tonnes, d'une valeur de 726.240.956 francs.

Les marchandises embarquées représentent 3.377.509 tonnes, d'une valeur de 812.200.826 francs.

Les navires français (dont 3.982 pour la navigation au long cours), représentent 16.180.000 tonnes. Ils ont débarqué 1.121.840 tonnes de marchandises, d'une valeur de 507.049.472 fr. et ont embarqué 1.454.235 tonnes, d'une valeur de 486.882.999 fr.

Les navires allemands et autrichiens (dont 1.752 pour la navigation au long cours), représentent 3.958.000 tonnes. Ils ont débarqué 163.000 tonnes, d'une valeur de 57.927.000 francs et ont embarqué 560.000 tonnes, d'une valeur de 106.675.000 francs.

Les deux tableaux ci-après donnent l'importance du trafic maritime par pavillon allemand et austro-hongrois en 1912, avec leur comparaison en 1907.

TABLEAU

Tableau comparatif du mouvement général de la navigation
par pavillons allemand et austro-hongrois (long cours et
cabotage réunis) dans les colonies françaises, pendant la
période 1907-1912.

A) *Nombre et tonnage des navires.*

| | ANNÉES | | | |
| COLONIES | 1907 | | 1912 | |
	NOMBRE de navires.	TONNAGE	NOMBRE de navires.	TONNAGE
		tonnes.		tonnes.
Sénégal	185	176.000	223	410.000
Guinée	210	397.000	203	473.000
Côte d'Ivoire	395	545.000	207	491.000
Dahomey	323	380.000	465	671.000
Gabon	79	149.000	158	402.000
Côte des Somalis	26	48.000	86	242.000
Madagascar	217	158.000	624	472.000
Réunion	2	2.000	»	»
Établissements de l'Inde	2	6.000	16	47.000
Indochine	535	682.000	521	637.000
Martinique	60	105.000	25	55.000
Guadeloupe	76	136.000	25	58.000
TOTAUX	2.110	2.784.000	2.553	3.958.000

| | | ANNÉES | |
		1907	1912
Navires	Allemands	1.978	2.435
	Autrichiens	132	118
		2.110	2.553

4

B) *Quantités et valeurs des marchandises débarquées ou embarquées.*

COLONIES		MARCHANDISES DÉBARQUÉES OU EMBARQUÉES				DIFFÉRENCES EN FAVEUR DE			
		1907		1912		1907		1912	
		TONNAGE	VALEUR	TONNAGE	VALEUR	TONNAGE	VALEUR	TONNAGE	VALEUR
		tonnes.	francs.	tonnes.	francs.	tonnes.	francs.	tonnes.	francs.
AFRIQUE OCCIDENTALE FRANÇAISE	Sénégal	13.000	4.655.000	53.000	11.919.000	»	»	40.000	7.264.000
	Guinée française	7.000	5.341.000	8.000	5.128.000	»	213.000	1.000	»
	Côte d'Ivoire	11.000	2.768.000	15.000	4.783.000	»	»	4.000	2.013.000
	Dahomey	30.000	7.889.000	57.000	19.793.000	»	»	27.000	11.904.000
Afrique équatoriale française : Gabon		23.000	2.903.000	43.000	3.563.000	»	»	20.000	660.000
AFRIQUE ORIENTALE FRANÇAISE	Côte des Somalis	2.000	1.619.000	12.000	9.051.000	»	»	10.000	7.432.000
	Madagascar	16.000	5.436.000	54.000	14.006.000	»	»	38.000	8.570.000
	Réunion	2.000	442.000	»	»	2.000	442.000	»	»
Établissements de l'Inde		1.000	120.000	9.000	2.025.000	»	»	8.000	1.905.000
Indochine		415.000	69.442.000	422.000	71.625.000	»	»	7.000	2.183.000
Martinique		34.000	10.082.000	22.000	10.314.000	12.000	»	»	232.000
Guadeloupe		72.000	16.284.000	29.000	12.396.000	43.000	3.888.000	»	»
TOTAUX		625.000	126.981.000	723.000	164.603.000	57.000	4.543.000	155.000	42.165.000

En faveur de 1912.................... { 98.000 tonnes. / 37.622.000 francs.

Tableau du mouvement de la navigation par pavillons allemand et austro-hongrois, dans les colonies françaises, pendant l'année 1913.

Navires portant le pavillon allemand.

COLONIES FRÉQUENTÉES PAR CES NAVIRES	NOMBRE DE NAVIRES	TONNAGE	MARCHANDISES DÉBARQUÉES OU EMBARQUÉES	
			Tonnage.	Valeur.
		tonnes.	tonnes.	francs.
Sénégal.....................	195	353.000	38.000	11.210.000
Guinée......................	192	475.000	5.000	4.298.000
Dahomey....................	335	383.000	45.000	14.850.000
Côte d'Ivoire...............	212	512.000	21.000	5.784.000
Gabon......................	135	397.000	57.000	4.630.000
Côte des Somalis...........	76	223.000	11.000	8.173.000
Inde française..............	4	12.000	2.000	663.000
Madagascar.................	45	121.000	48.000	13.450.000
Indochine...................	388	562.000	383.000	67.134.000
Martinique.................	4	9.000	1.200	701.000
Guadeloupe.................	2	3.000	2.000	612.000
Réunion....................	2	7.000	240	118.000
Nouvelle-Calédonie.........	2	7.000	5.000	160.000
Totaux................	1.592	3.064.000	618.000	131.783.000

Navires portant le pavillon austro-hongrois.

COLONIES FRÉQUENTÉES PAR CES NAVIRES	NOMBRE DE NAVIRES	TONNAGE	MARCHANDISES DÉBARQUÉES OU EMBARQUÉES	
			Tonnage.	Valeur.
		tonnes.	tonnes.	francs.
Sénégal................	8	26.000	285	10.000
Côte des Somalis............	29	91.000	5.000	2.092.000
Inde française...............	10	29.000	8.000	2.378.000
Martinique.................	19	44.000	11.000	5.902.000
Guadeloupe................	29	65.000	16.000	5.560.000
Totaux..............	95	255.000	40.285	15.942.000

RÉCAPITULATION

Allemagne..................	1.592	3.064.000	618.000	131.783.000
Autriche-Hongrie.............	95	255.000	40.000	15.942.000
Totaux..............	1.687	3.319.000	658.000	147.725.000

Certains de ces chiffres ont été commentés par les services locaux qui présentent les observations ci-après :

GUINÉE FRANÇAISE

Mouvement de la navigation au long cours.

NAVIRES PORTANT LE PAVILLON]	NOMBRE DE NAVIRES	TONNAGE	MARCHANDISES DÉBARQUÉES OU EMBARQUÉES	
			Tonnage.	Valeur.
		tonnes.	tonnes.	francs.
ANNÉE 1907				
Français...................	251	300.000	10.000	11.851.000
Allemand...	210	397.000	7.000	5.341.000
ANNÉE 1912				
Français...................	413	365.000	11.000	15.269.000
Allemand.............	203	473.000	8.000	5.128.000

Des compagnies étrangères, notamment la compagnie allemande *Woermann* de Hambourg, dans le but de faire profiter leurs navires du fret d'aller et de retour et surtout en vue de les faire bénéficier de passagers négociants, que leurs affaires attirent alternativement à Conakry ou en Europe, font toucher leurs lignes rapides de paquebots à fort tonnage et à grande vitesse dans le port de Conakry, *chaque fois qu'un certain nombre de passagers même très faible leur est réservé.*

En outre de ses lignes commerciales, la *Compagnie Woermann* assure un service régulier et bi-mensuel par ses paquebots postaux faisant escale à Boulogne-sur-Mer.

Il n'est pas inutile d'ajouter que l'*Elder Dempster*, de Liverpool, dont les cargos sont aménagés spécialement pour le transport, des voyageurs, passait régulièrement à Conakry tous les quinze jours venant de Liverpool et tous les mois venant de Hambourg.

La presque totalité des passagers non réquisitionnaires préfère profiter des bateaux étrangers en raison du prix du passage en 1ʳᵉ et en 2ᵉ classe, bien inférieur à celui des navires français et des facilités données pour des billets d'aller et retour.

COTE D'IVOIRE

Mouvement de la navigation au long cours.

NAVIRES PORTANT LE PAVILLON	NOMBRE DE NAVIRES	TONNAGE	MARCHANDISES DÉBARQUÉES OU EMBARQUÉES	
			Tonnage.	Valeur.
		tonnes.	tonnes.	francs.
ANNÉE 1907				
Français........................	899	1.405.000	23.000	8.128.000
Allemand....................	395	545.000	11.000	2.768.000
ANNÉE 1912				
Français....................	177	367.000	31.000	13.180.000
Allemand....................	207	491.000	15.000	4.783.000

Déjà, en 1907, le service des douanes signalait l'augmentation du pavillon allemand. Il en attribuait la cause à la formation d'une nouvelle compagnie la *Bremer Africa Linie* qui doublait les *Woermann* et il ajoutait que vraisemblablement la concurrence allemande serait très active.

L'avantage commercial de la valeur des marchandises débarquées ou embarquées reste cependant au pavillon français, mais il convient de remarquer que la marine nationale bénéficie du transport du matériel des grands travaux exécutés sur fonds d'emprunt. D'autre part, le pavillon allemand, qui n'avait transporté en 1910 que 10.000 tonnes, en a transporté 15.000 en 1912, soit une augmentation de 50 p. 100, alors que celle du pavillon français ne représente que 24 p. 100.

DAHOMEY

Mouvement de la navigation au long cours.

NAVIRES PORTANT LE PAVILLON	NOMBRE DE NAVIRES	TONNAGE	MARCHANDISES DÉBARQUÉES OU EMBARQUÉES	
			Tonnage.	Valeur.
		tonnes.	tonnes.	francs.
ANNÉE 1907				
Français......................	275	434.000	27.000	7.286.000
Allemand....................	323	390.000	30.000	7.889.000
ANNÉE 1912				
Français....................	226	387.000	21.000	7.934.000
Allemand....................	374	497.000	57.000	19.791.000
ANNÉE 1913				
Français....................	345	468.000	22.000	7.974.000
Allemand....................	335	383.000	45.000	14.850.000

La situation de notre pavillon jusqu'en 1912 ne se présentait pas comme très satisfaisante.

Le service local signalait parmi les obstacles entravant le développement de notre navigation, la difficulté éprouvée par le commerce à utiliser nos cargos trop lents, ou de nos courriers rapides, d'un nombre restreint.

Le pavillon allemand détenait à lui seul le transport de 56,70 p. 100 des marchandises de la colonie.

En 1913 le pavillon français reprend la première place dans le mouvement général de la navigation au long cours. Le pavillon allemand perd 39 unités et le pavillon anglais 26 unités.

Il est intéressant de constater cette situation, mais on doit dire qu'elle tient en partie à ce que jusqu'en 1912, les bureaux de douane au Dahomey avaient relevé les navires français en provenance du Congo sur le tableau du cabotage, alors qu'en réalité il fallait les prendre sur le tableau de la navigation au long cours. C'est ce qui a été fait en 1913.

AFRIQUE ÉQUATORIALE (*Gabon.*)

Mouvement de la navigation au long cours.

NAVIRES PORTANT LE PAVILLON	NOMBRE DE NAVIRES	TONNAGE	MARCHANDISES DÉBARQUÉES OU EMBARQUÉES	
			Tonnage.	Valeur.
		tonnes.	tonnes.	francs.
ANNÉE 1907				
Français......................	79	110.000	20.000	8.601.000
Allemand....................	79	149.000	22.000	2.903.000
ANNÉE 1912				
Français......................	68	184.000	25.000	7.048.000
Allemand....................	90	248.000	42.000	3.563.000

La *Compagnie des Chargeurs réunis* est la seule compagnie française qui fréquente les ports du Gabon, où depuis 1914 elle assure un service de paquebots tous les 21 jours et un service mensuel de cargos.

Dans le mouvement de la navigation en 1912, les pavillons étrangers sont représentés par 203 navires jaugeant 428.000 tonneaux le pavillon français par 69 navires jaugeant 184.000 tonneaux.

Cette situation prépondérante des pavillons étrangers provient de ce que les bois exportés de la colonie sont pour la plus grande partie expédiés sur les marchés de Hambourg et de Rotterdam.

De 1901, première année où des relevés statistiques précis ont été établis, à 1912, le nombre des navires français ayant touché annuellement au Gabon est tombé de 47 à 35, le tonnage nominal s'est élevé de 73.000 tonnes à 95.000 tonnes.

Durant la même période, le nombre des navires allemands entrés a été porté à 45 unités au lieu de 29, avec un tonnage de 124.000 tonnes au lieu de 42.000 tonnes.

COTE DES SOMALIS

Mouvement de la navigation au long cours.

NAVIRES PORTANT LE PAVILLON	NOMBRE DE NAVIRES	TONNAGE	MARCHANDISES DÉBARQUÉES OU EMBARQUÉES	
			Tonnage.	Valeur.
		tonnes.	tonnes	francs.
ANNÉE 1907				
Français....................	292	558.000	31.000	19.035.00
Allemand...................	26	28.000	2.000	1.619.000
Autrichien.................	»	»	»	»
ANNÉE 1912				
Français....................	264	831.000	44.000	17.200.000
Allemand...................	48	133.000	8000	6.099.000
Autrichien.................	38	108.000	3.000	2.951.000

Cette possession est régulièrement desservie par la *Hambourg Amérika Linie* partant mensuellement de Hambourg, touchant à Anvers et Marseille et desservant le golfe Persique.

Là encore les autorités locales signalent l'élévation du fret sur les navires français comme une des causes de la progression des pavillons étrangers et là aussi la marchandise a suivi le pavillon.

INDE FRANÇAISE

Mouvement de la navigation (*long cours et cabotage réunis*).

NAVIRES PORTANT LE PAVILLON	NOMBRE DE NAVIRES	TONNAGE	MARCHANDISES DÉBARQUÉES OU EMBARQUÉES	
			Tonnage.	Valeur.
		tonnes.	tonnes.	francs.
ANNÉE 1907				
Français...............	52	65.000	7.000	6.408.000
Allemand................	1	3.000	1.000	120.000
Autrichien..............	»	»	»	»
ANNÉE 1912				
Français................	52	78.000	5.000	7.656.000
Allemand...., ...	8	25.000	5.000	1.004.000
Autrichien..............	8	22.000	3.800	1.020.000

Nota. — Le tableau ci-dessus réunit la navigation au long cours et au cabotage; l'ensemble du mouvement commercial de l'Inde frauçaise dans la navigation au long cours se fait sous pavillon étranger.

Le service local exprime le vœu que les sociétés de navigation puissent arriver d'uue façon générale à diminuer le fret, à augmenter la vitesse de leurs bateaux, à aménager des installations spéciales pour le transport des fruits et autres denrées périssables, à accorder des facilités particulières aux voyageurs de commerce.

Le tableau ci-contre donne la valeur en francs des marchandises embarquées ou débarquées pendant les dernières années par les marines française et germanique.

NAVIRES PORTANT LE PAVILLON	1907	1908	1909	1910	1911	1912
Français..............	6.408.000	8.137.000	9.031.000	8.275.000	10.974.000	7.656.000
Allemand ou autrichien	120.000	592.000	1.693.000	878.000	3.248.000	2.024.000

MADAGASCAR

Mouvement de la navigation au long cours.

NAVIRES PORTANT LE PAVILLON	NOMBRE DE NAVIRES	TONNAGE	MARCHANDISES DÉBARQUÉES OU EMBARQUÉES	
			Tonnage.	Valeur.
		tonnes.	tonnes.	francs.
ANNÉE 1907				
Français..................	182	439.000	43.000	56.705.000
Allemand..................	40	32.000	81.000	7.815.000
ANNÉE 1912				
Français..................	215	430.000	111.000	96.959.000
Allemand..................	44	131.000	43.000	10.329.000

L'activité des compagnies allemandes établies dans la colonie a fait bénéficier, en 1912, le pavillon allemand du recul constaté sur le pavillon anglais. Ce sont les longs courriers *Le Zanzibar* de la *Compagnie O'Swald* et les paqnebots de la *Deutsch Ost Afrika Linie* qui ont recueilli 2.000 tonnes de marchandises d'une valeur de 2 millions de francs, au détriment de leurs concurrents,

Le pavillon allemand transporte, indépendamment des importations allemandes, une partie de celles de la Hollande, de la Belgique, du Danemark, de l'Angleterre et du Zanzibar et exporte le caoutchouc, les peaux brutes et les écorces tannifères à destination des ports allemands.

En 1909, le service des douanes remarquait que le port de Nosy-Bé faisait avec l'Allemagne la plus grande partie de son commerce d'exportation, grâce à deux puissantes sociétés allemandes installées dans la région depuis longtemps déjà.

Il faut reconnaître d'ailleurs que les compagnies de navigation française bien qu'elles ne soient pas mieux outillées que leurs similaires étrangères, n'offrent pas à leurs chargeurs des conditions de transport aussi avantageuses.

Pour le transport en droiture à destination des pays d'Europe des produits qu'on leur confie, les compagnies étrangères éviten·, en effet, à leurs commettants, des frais de transbordement et de manutention souvent fort onéreux; elles finissent ainsi par prendre vogue et se créent une clientèle de plus en plus nombreuse.

INDOCHINE

Mouvement de la navigation au long cours.

NAVIRES PORTANT LE PAVILLON	NOMBRE DE NAVIRES	TONNAGE	MARCHANDISES DÉBARQUÉES OU EMBARQUÉES	
			Tonnage.	Valeur.
		tonnes.	tonnes.	francs.
ANNÉE 1907				
Français...................	767	1.262.000	501.000	308.313.000
Allemand...................	535	682.000	415.000	69.442.000
ANNÉE 1912				
Français.....................	524	1.072.000	425.000	220.245.000
Allemand....................	483	596.000	418.000	71.476.000

Notre grande possession d'Asie a été également l'objet des tentatives de la marine marchande allemande qui, à partir de l'année 1900, était parvenue à réaliser de notables progrès.

Pour 1912, le pavillon national occupe toujours la première place avec 524 entrées ou sorties de navires, mais le pavillon allemand se classe au second rang avec 483 navires et une augmentation de jauge de 127.000 tonnes. Vient en troisième rang, le pavillon anglais, avec 472 navires et une décroissance de 105.000 tonneaux.

Il convient d'ajouter qu'en 1913, qui a été favorisé par une récolte de riz extrêmement abondante, le pavillon allemand n'a pas profité de la reprise des affaires commerciales.

Il arrive avec 388 unités, soit 95 de moins qu'en 1912. La diminution du nombre des bateaux est en partie compensée par le tonnage des unités envoyées en Extrême-Orient. Il n'existe, en effet, qu'un écart assez faible de 33.000 tonneaux entre 1913 et 1912 pour la marine allemande.

GUADELOUPE ET MARTINIQUE

Mouvement de la navigation.

NAVIRES PORTANT LE PAVILLON	NOMBRE DE NAVIRES	TONNAGE	MARCHANDISES DÉBARQUÉES OU EMBARQUÉES	
			Tonnage.	Valeur.
		tonnes.	tonnes.	francs.
ANNÉE 1907				
Guadeloupe. { Français.......	489	278.000	21.000	9.381.000
Autrichien.....	76	136.000	72.000	16.284.000
Martinique. { Français.......	453	278.000	72.000	14.629 000
Autrichien....	60	105.000	34.000	10.082.000
ANNÉE 1912				
Guadeloupe. { Français.......	248	303.000	52.000	24.252.000
Autrichien.....	25	58.000	29.000	12.396.000
Martinique. { Français.......	430	468.000	116.000	31.125.000
Autrichien......	25	55.000	22.000	10.314.000

En 1907, les navires de la *Compagnie Austro-Américana*, dès l'établissement de ce service de navigation, avait enlevé à la *Compagnie Transatlantique* une grande partie du trafic.

A la suite d'un vigoureux effort la compagnie française a pu regagner une partie du terrain perdu et la part prépondérante dans le mouvement maritime était encore reconnue au pavillon français, mais le trafic opéré par pavillon autrichien avait conservé cependant son importance avec Marseille.

Une grande compagnie de navigation de ce port vient de décider la création d'une nouvelle ligne entre les Antilles et Marseille, qui verra désormais ses relations avec la Martinique et la Guadeloupe assurées sous pavillon français.

RENSEIGNEMENTS SPÉCIAUX A CHAQUE COLONIE

CÔTE FRANÇAISE DES SOMALIS

Nous donnons ci-dessous le relevé des principales marchandises d'origine allemande et austro-hongroise, importées à la Côte française des Somalis pendant les trois dernières années avec l'indication des quantités introduites et de la valeur globale de celles-ci, calculée d'après les déclarations faites en douanes par les importateurs.

De l'enquête à laquelle il a été procédé par l'autorité locale, avec la collaboration de la Chambre de commerce de Djibouti, il résulte que si les préférences du commerce local se sont jusqu'ici portées sur les produits allemands et autrichiens figurant sur les documents ci-joints, c'est surtout à cause de l'infériorité de leur prix et de l'élévation du fret qui, sur les navires français, frappe principalement les marchandises lourdes et de peu de valeur, telles que la chaux, le ciment, le fer, etc. Mais indépendemmant de cette double circonstance, les négociants de la place feraient au commerce français de la métropole le grief de ne traiter avec eux que par l'intermédiaire de courtiers, de commissionnaires et de transitaires, toutes interventions inexistantes à l'étranger et qui ont pour effet de grever, dans d'assez lourdes proportions, le prix des marchandises. D'autre part, tout le monde est d'accord pour reconnaître que les frais d'emballage sont de beaucoup plus élevés en France qu'à l'étranger. Enfin il serait désirable que les producteurs et fabricants français voulussent bien envisager la question des longs crédits à accorder aux maisons sérieuses de Djibouti. On ne doit pas perdre de vue, en effet, que la Côte des Somalis est un simple port de transit et que le gros commerce se fait exclusivement avec l'Abyssinie, où les recouvrements de fonds s'effectuent lentement. Il n'était guère possible aux enquêteurs de suggérer de solutions sur ce point délicat; mais peut-être les producteurs intéressés en trouveraient-ils de pratiquement réalisables en envoyant sur place, à l'instar des fabricants des autres pays, des représentants susceptibles de les renseigner.

Ces considérations générales étant présentées, il convient de fournir quelques indications de détail sur les principaux articles d'importation.

Sucres et alcools. — L'Allemagne et l'Autriche sont au nombre des puissances qui ont respectivement adhéré, en ce qui concerne chacun de ces produits, à la Convention internationale du 5 mars 1912 et à la conférence de Bruxelles du 2 juillet 1890. Elles se trouvent donc placées sur le même pied que la France. Or, Djibouti ne reçoit de Marseille que du sucre raffiné en boîtes, alors que le sucre cristallisé, qui est, en Abyssinie, un gros article de consommation, a toujours été fourni par l'Autriche-Hongrie. Cela tient à ce que le fret de Trieste à Djibouti, par les bateaux autrichiens a toujours été plus avantageux que celui des bateaux français. En ce qui touche à l'alcool, qui n'a commencé d'être fourni par l'Allemagne qu'en 1912, on ne peut expliquer la faveur dont ce produit à bénéficié que par l'infériorité de son prix de vente.

Bois de construction. — Il sera difficile de transporter en France le gros chiffre d'affaires que cet article procure à l'Autriche parce que la France ne produit pas de bois d'assez bas prix et en quantités suffisantes pour lui permettre de concurrencer ceux de Trieste et de Fiume. Mais comme ceux-ci sont de qualité fort médiocre, peut-être pourra-t-on faire apprécier en Abyssinie certains bois de provenance française d'un prix et d'une qualité plus élevée.

Chaux, ciments et fers. — Exception pour la *Compagnie du chemin de fer franco-éthiopien*, les commerçants locaux reçoivent ces trois articles d'Allemagne et d'Autriche à cause du taux réduit du fret sur les navires étrangers. La maxime d'après laquelle « la marchandise suit le pavillon » a trouvé ici une application incontestable.

Quincaillerie, gobeleterie, articles de ménage. — Il est avéré que les articles similaires de fabrication française sont de qualité supérieure, comparés surtout à l'affreuse camelote d'Allemagne et d'Autriche qui s'importent dans la colonie, mais outre que les spécimens reçus sont d'un prix dérisoire, ils offrent encore cet avantage d'être expédiés directement par les fabricants alors que le producteur français a pour habitude, ainsi qu'il a été indiqué plus haut, de traiter par l'intermédiaire d'un commissionnaire

Lampes, lanternes, articles d'éclairage. — Même observation.

Meubles en bois courbé. — Les chaises forment ici la presque totalité de cet article d'importation austro-hongroise. Il conviendrait de concurrencer les fabricants de ce pays dans la spécialité qu'ils ont créée, ou de présenter des articles ayant une égale solidité et le même prix.

Allumettes. — C'est là un article dans la fabrication duquel l'industrie française n'a point jusqu'ici marqué sa supériorité, il serait pourtant facile de trouver et de répandre à profusion un type d'allumette plus appréciable que celui mis actuellement en consommation dans la métropole. La clientèle coloniale lui serait toujours acquise.

Il y a lieu d'insister sur l'importance qu'est appelé à prendre, dans un prochain avenir, le trafic avec l'Abyssinie. Cette contrée s'ouvre à peine au commerce et déjà elle a pu assigner à Djibouti, son port naturel, pourrait-on dire, un rang fort enviable parmi les colonies françaises. Le chiffre du mouvement commercial de cette place qui était de 25 millions en 1904, n'a-t-il pas, en effet, atteint celui de 81 millions en 1913. D'autre part, la mise en exploitation imminente du chemin de fer jusqu'à Addis-Abeba ne va-t-elle pas donner au marché éthiopien un développement aussi rapide que considérable ? Il serait donc désirable que l'industrie nationale ne se laissât pas devancer ici par ses concurrents allemands et austro-hongrois.

TABLEAU
5

Importations des principales marchandises allemandes
pendant les années 1911, 1912, 1913.

PRINCIPALES MARCHANDISES IMPORTÉES dans la colonie.	ANNÉES					
	1911		1912		1913	
	Quantités	Valeurs.	Quantités.	Valeurs.	Quantités.	Valeurs.
	kilos.	francs.	kilos.	francs.	kilos.	francs.
Bière.......................	19.794	13.857	14.245	9.970	23.320	16.326
Alcools autres..............	»	»	19.337	29.005	17.709	26.563
Fer en barres..............	16.669	2.695	30.882	9.263	37.320	11.195
Tôles laminées..............	28.808	8.371	6.113	2.445	30.095	12.038
Parfumerie non alcoolique...	7.957	17.685	4.357	12.469	2.532	7.860
Vitrifications en grains percés (verroteries)..........	12.385	12.525	9.150	11.290	4.505	3.380
Gobeletterie de verre.......	12.769	6.500	13.874	10.365	5.596	4.757
Tissus de coton. écrus............	30.722	78.400	740	2.600	23.278	67.300
Tissus de coton. blanchis..........	110	850	14.605	49.950	270	700
Couvertures de coton.......	19.893	30.200	27.107	46.305	21.561	42.205
Machines à coudre..........	7.246	21.875	7.558	23.670	10.891	29.850
Outils.... en fer...........	28.574	21.900	36.075	23.949	69.046	41.525
Outils.... en acier.........	6.698	11.485	»	»	7.894	11.365
Coutellerie commune.......	6.248	24.340	4.855	15.167	5.512	26.489
Serrurerie..................	8.075	8.025	12.596	13.506	10.921	13.955
Articles de ménage en fer...	57.637	26.198	29.471	24.485	26.913	27.692
Armes... de guerre........	4.030	101.450	3.347	83.675	5.830	145.750
Armes... blanches....,....	1.030	6.600	3.682	13.295	1.953	11.575
Cartouches de guerre.......	40.946	101.964	30.800	77.000	87.938	219.845
Allumettes en bois..........	5.140	10.280	97.698	35.030	34.960	43.700

Importations autrichiennes.

PRINCIPALES MARCHANDISES IMPORTÉES dans la colonie.	ANNÉES					
	1911		1912		1913	
	Quantités	Valeurs.	Quantités.	Valeurs.	Quantités.	Valeurs.
	kilos.	francs.	kilos.	francs.	kilos.	francs.
Sucre brut................	487.893	170.762	508.051	178.718	1.413.587	494.855
Bois à construire...........	438.507	128.720	1.283.703	172.540	1.625.785	227.199
Eaux de vie { en bouteilles...	8.071	28.249	7.541	22.623	»	»
Eaux de vie { autres.........	24.741	49.482	7.491	14.982	742	1.484
Eaux de vie { de traite	5.958	11.916	18.538	37.076	24.827	49.513
Alcools autres..............	36.228	19.168	31.583	47.374	31.009	46.513
Pétrole,.....................	655.369	163.917	221.244	55.312	178.936	44.735
Tissus de coton écrus.......	120.017	309.775	331.758	775.525	340.882	803.280
Allumettes en bois.	10.900	21.800	11.654	8.770	17.832	14.650

ÉTABLISSEMENTS FRANÇAIS DANS L'INDE

Nous donnons ci-dessous le relevé des différents produits allemands introduits dans la colonie par mer pendant l'année 1913.

L'autres produits de même provenance venant de Bombay ou de Madras, introduits par voie de terre, échappent malheureusement aux statistiques. Ce sont principalement des articles de verrerie, de faïencerie, coutellerie et caoutchouc pour roues de voiture, mais l'importance de leur consommation est très limitée en raison de la petite superficie de notre territoire.

**Relevé des différents produits allemands
importés dans la colonie pendant l'année 1913.**

NATURE DES PRODUITS	ESPÈCE des unités.	QUANTITÉS	VALEURS
			francs.
Fromage	kilo.	1.120	1.350
Indigo	—	6.590	30.627
Vins divers	litre.	300	500
Cognac	—	520	556
Rhum	—	200	308
Gin	—	3.600	4.000
Bière	—	840	940
Wisky	—	200	300
Genièvre	—	4.948	6.294
Sel de magnésie	tonne.	4	400
Ficelle	kilo.	2.000	800

MARTINIQUE

Les résultats de l'enquête à laquelle il a été procédé à la Martinique par l'autorité locale et la Chambre de commerce au sujet des relations commerciales de cette colonie avec l'Allemagne et l'Autriche-Hongrie et des motifs, pour lesquels nos ennemis étaient parvenus à y prendre pied, sont exposés dans un rapport résumé ci-dessus.

La Martinique, importait d'Allemagne de nombreux articles en tous genres, grâce aux bas prix pratiqués qui permettaient d'écouler beaucoup et par suite offraient des occasions de gains assez fructueux, quoique à petits bénéfices.

La plupart des articles de provenance allemande sont des marchandises de basse qualité que le français dédaigne de fabriquer que l'on traite, à juste raison, de camelote dans le langage commercial. Mais on ne saurait méconnaître que cette camelote satisfait le public à qui elle est offerte et fait gagner de l'argent au commerçant qui la vend. Ce sont là deux facteurs importants qui sont d'un puissant concours pour les industries qui ont su les conquérir.

Il faut bien admettre que ce n'est pas la clientèle bourgeoise qui enrichit le marchand. Celui-ci aime bien s'attacher la grosse clientèle populaire qui achète peu à la fois individuellement, mais dont la masse constiue le chiffre d'affaires intéressant.

Cette dernière accorde sa préférence à l'article très ordinaire, peu coûteux, remplacé sans sacrifice important au moindre accident de détérioration, plutòt qu'à l'article soigné d'un usage peut-être plus avantageux mais offrant l'inconvénient de coûter plus cher et d'exiger un débours initial plus élevé.

Ces observations ne sont pas nouvelles. Elles ont été maintes fois présentées et les divers rapports des consuls à l'étranger contiennent de nombreuses et précieuses indications à cet égard.

Mais les fabricants français n'ont pas toujours cru devoir tenir compte des desiderata de leur clientèle extérieure, ainsi manifestés, se renfermant strictement dans leur genre de fabrication.

La lenteur de leurs livraisons constitue au surplus un gros inconvénient. Alors qu'en Amérique, en Allemagne, en Angleterre, les fabricants livrent très rapidement, en France de longs délais sont imposés pour l'exécution des commandes.

A cette règle il y a sans doute des exceptions, mais d'une manière générale de trop longs délais sont imposés au commerce et à l'industrie de la colonie pour des fournitures presque courantes.

L'industrie française doit donc s'organiser au point de vue matériel pour servir rapidement sa clientèle extérieure ; elle doit aussi se faire une véritable éducation au point de vue du goût et des mœurs de cette clientèle extérieure, si elle ne veut pas être dépassée dans l'avenir comme elle l'a été dans le passé.

Elle constate aujourd'hui combien l'Allemagne s'est infiltrée partout, prenant petit à petit la place des produits français. Ce ne sera pas l'Allemagne demain, mais ce sera l'Amérique ou toute nation avisée qui saura profiter des fautes commises, si elles se renouvelaient et si nous n'y prenions pas garde.

Nous allons énumérer les principaux articles importés par l'Allemagne et susceptibles d'être remplacés par des articles français.

C'est d'abord la majeure partie de la verrerie commune, de la grosse cristallerie décorée, de la porcelaine vulgaire provenant, soit directement des lieux de production, soit de France après dédouanement. Ces articles parviennent à la colonie à meilleur compte que les similaires français, et soigneusement emballés, ce qui réduit sensiblement les risques de casse, d'où un avantage considérable pour le réceptionnaire. L'importateur français devra donc se préoccuper à la fois de la question du prix et de la question de l'emballage. Il devra aussi pour la porcelaine, notamment, s'efforcer de suivre le goût de la clientèle dans les modèles à proposer.

La verrerie de Bohême fournit spécialement des services à liqueur très recherchés qui parviennent à bas prix. — Les porcelaines fantaisie, bon marché, portant surtout sur les bibelots, sont aussi de fabrication étrangère. Il serait facile à nos nationaux de reprendre ce marché.

Les articles en émail, de vente courante, viennent d'Allemagne. Les maisons françaises ne fabriquent que des articles très soignés et surtout plus chers. Elles devront s'efforcer de vulgariser leurs produits.

Les accordéons et harmonicas, très recherchés à la Martinique, viennent en majeure partie d'Allemagne ou d'Autriche, leurs similaires n'existent pas en France ou seulement à des prix inabordables.

Des machines à coudre ont été introduites d'Hambourg; les jouets proviennent presque en totalité d'Allemagne.

Les briquets, aujourd'hui à la mode, sont demandés à l'Autriche.

La même observation s'applique à ces divers articles; c'est le bon marché, au détriment de la qualité, qui a fait leur succès; nos nationaux doivent en tenir compte.

Les meubles en bois courbé, très en usage à la Martinique sont fabriqués à Vienne.

La lampisterie est souvent fournie par des maisons allemandes, cuivre et verrerie ; elle est remarquable par son bas prix.

Nombres d'outils, d'articles de serrurerie, les cadenas à bon marché principalement viennent d'Allemagne.

Dans l'horlogrie, les pendules, les réveils-matin communs ont la même origine.

Il en est de même pour les machines-outils destinées à la tonnellerie, les scies, les tétines, les tuyaux en caoutchouc employés par la pharmacie, certains articles de maroquinerie, les brocs à eau glacée (ice pitcher) en métal blanc argenté, l'article portant le nom de *cache-point*, de la même origine, les conserves de saucisses, de boudins, venant de Francfort.

Des allumettes proviennent aujourd'hui d'Autriche avec des prix de revient présentant un écart de 5 à 6 francs par caisse au profit du réceptionnaire.

Les commissionnaires importateurs sont bien placés pour faire connaître aux industriels de la métropole ce qui peut convenir à leurs clients qui s'en remettent généralement à eux pour l'exécution de leurs ordres au mieux de leurs intérêts tant au point de vue du choix que des conditions de livraison.

Un article dont l'exportation d'Allemagne est considérable c'est le sulfate de potasse, de provenance des usines de sels potassiques d'Allemagne.

Les statistiques font ressortir comme importations à la colonie :

ANNÉES	ÉTRANGER	FRANCE	TOTAL
	kilos.	kilos.	kilos
1910...............................	780.607	10.700	790.677
1911...............................	404.333	1.000	405.333
1912...............................	1.209.963	»	1.209.963
1913...............................	906.356	»	906.356

Mais à ces importations il y a lieu d'ajouter le sulfate de potasse contenu dans les engrais reçus à l'état complet, c'est-à-dire composés de tous les éléments fertilisants à la fois et que l'on peut estimer à 15 pour cent environ du poids total.

Il en a été reçu :

1910... 3.400.000 k. comprenant env.. 510.000 k. de sulfate de potasse.
1911... 3.579.358 k. — .. 537.000 k. — —
1912... 1.593.894 k. — .. 239.000 k. — —
1913... 1.883.328 k. — .. 282.000 k. — —

ANNÉES	QUANTITÉS TOTALES IMPORTÉES		TOTAL
	à l'état pur.	à l'état de mélange.	
	kilos.	kilos.	kilos.
1910............................	780.607	510.000	1.290.607
1911............................	405.333	537.000	942.333
1912............................	1.209.963	239.000	1.448.963
1913............................	906.356	282.000	1.188.356

L'absence de produit sur le marché serait d'une grande gêne pour l'agriculture. Il est donc essentiel que l'industrie nationale prenne sans délai la place de l'industrie allemande pour cette fourniture.

GUINÉE

Le mouvement du commerce général de la Guinée en 1913 fait ressortir un total de 19.413.212 francs aux importations. La France y contribue pour une somme de 7.753.424 francs et l'Allemagne par une somme de 1.232.931 francs.

La plupart des articles repris aux statistiques douanières comprennent des objets allemands, aussi leur multiplicité même permet assez difficilement de dégager des indications sur les préférences des acheteurs; cependant trois chapitres, correspondant tous trois aux recherches de bien-être et de luxe des indigènes, peuvent être retenus.

Au chapitre *Verres et cristaux* et à l'article *Vitrifications et verroteries*, la part de la France a été de 37.201 francs en 1912 elle descend à 32.370 francs en 1913; par contre l'Allemagne voit ses importations s'élever de 92.885 francs à 114.502 francs.

Dans le chapitre des *Tissus*, les importations de couvertures en coton ont subi également un fléchissement pour la part de la France, alors que les importations de produits allemands étaient en progression.

	ANNÉES 1912 francs.	1913 francs.
France	21.103	17.039
Allemagne	54.087	99.960

Citons encore les tissus de coton teints (134.659 fr.) et les tissus fabriqués avec fils teints (54.589 fr.), les machines à coudre (néant en 1912, et 10.063 fr. en 1913), les outils en fer.

	1912 francs.	1913 francs.
France	31.892	18.983
Allemagne	19.667	32.973

Il est intéressant de constater que la valeur totale des importations restant exactement la même, l'Allemagne avait pris en 1913 la place occupée par la France en 1912.

Dans le chapitre des ouvrages en métaux, on relève des importations de coutellerie commune (26.907 fr.), des ouvrages étamés (26.038 fr.), des ouvrages émaillés (19.289 fr.). Enfin, parmi les ouvrages en matières diverses, on peut retenir les importations d'allumettes en bois qui ont été respectivement :

	1912 francs.	1913 francs.
France	6.460	»
Allemagne	16.709	27.590

Importations allemandes en Guinée en 1912 et 1913.

	1912 francs.	1913 francs.
Produits et dépouilles d'animaux	14.722	19.013
Pêches	6.119	2.257
Farineux alimentaires	6.327	16.013
Denrées coloniales de consommations	14.784	20.687
Huiles et sucs végétaux	2.958	2.458
Bois	31.092	26.472
Produits et déchets divers	1.793	8.751
Boissons	56.325	55.802
Marbres, pierres, terres, etc	6.185	13.586
Métaux	26.130	43.745
Produits chimiques	30.225	6.328
Teintures préparées	251	»
Couleurs	3.020	1.787
Compositions diverses	17.975	18.727
Poteries	962	1.320
Verres et cristaux	97.064	123.665
Fils	15.178	17.044
Tissus	447.600	471.539
Papier	2.577	3.986
Peaux et pelleteries	5.682	6.342
Ouvrages en métaux	189.078	218.735
Armes, poudres	5.803	11.808
Meubles	3.169	3.139
Ouvrages en bois	11.975	20.010
Instruments de musique	3.215	2.216
Ouvrages de sparterie	283	591
— en matières diverses	136.244	116.742
TOTAUX	1.136.739	1.232.931

SÉNÉGAL ET HAUT-SÉNÉGAL-NIGER

Il ressort de l'examen des statistiques douanières que la part revenant de l'Allemagne dans le commerce d'importation du Sénégal n'a jamais été très élevée dans cette colonie; les marchandises de provenance allemande ne figurent, en effet, que pour 2.598.809 francs en 1912 et pour 1.997.891 francs en 1913, alors que la valeur totale des entrées atteignait respectivement 67.859.907 francs et 88.070.795 francs pour les deux périodes envisagées.

Il convient au surplus de considérer que certains articles relevés par les douanes au compte de l'Allemagne ne sont pas en réalité originaires de ce pays où ils n'avaient fait que transiter comme par exemple les laits concentrés et stérilisés qui sont surtout préparés en Suisse et dans les pays scandinaves (valeur des importations pour 1913 : 98.791 fr.). Les allumettes en bois qui sortent pour la plupart des manufactures de Suède et de Norvège (64.792 fr.), les pétroles (12.425 fr.), les tabacs en feuilles (64.792 fr.), etc..., etc...

Les produits de l'industrie purement germanique importés au Sénégal dans le courant de l'année 1913 ne doivent pas, dans ces conditions, être considérés comme étant d'une valeur supérieure à 1.450.000 francs; ils se composent principalement de boissons de toutes sortes (457.662 fr.), de tissus (522.393 fr.), d'ouvrages en métaux (154.446 fr.) et de verres et cristaux (69.451 fr.).

En ce qui concerne la première des catégories visées, laquelle est constituée en majeure partie par des alcools et esprits à dédoubler, des genièvres et autres boissons de traite, il y a lieu de remarquer que les statistiques douanières se bornent à reprendre la valeur intrinsèque de ces liquides, sans tenir compte par suite de taxes dont ils sont frappés à leur entrée dans la colonie, de telle sorte qu'aux chiffres rapportés plus haut correspond une quantité assez considérable d'hectolitres d'alcool.

Les principales variétés d'étoffes reçues d'Allemagne en 1913 sont : les tissus de coton fabriqués avec des fils teints (167.418 fr.), les pagnes indigènes (86.747 fr.) et autres tissus imprimés (49.327 fr.), et enfin, les couvertures en coton et les articles de bonneterie qui sont repris aux relevés statistiques de ce même exercice avec des valeurs respectives de 36.997 francs et de 31.952 francs.

La classe des ouvrages en métaux comprend une grande variété de produits. Parmi ceux qui méritent d'être cités en raison de l'importance relative de leurs arrivages, il convient de placer tout d'abord les articles de ménage et les ouvrages non dénommés, peints, polis ou vernissés dont l'Allemagne a fourni pour près de 43.000 francs au Sénégal en 1913, la valeur des articles de l'espèce émaillés atteignant à elle seule 27.610 francs; les machines à coudre d'une valeur globale de 22.300 francs, la coutellerie (15.996 fr.), les outils (12.908 fr.); les ouvrages de serrurerie (10.593 fr.), et, enfin, la clouterie (6.513 francs.)

Les articles repris sous la rubrique générale des verres et cristaux se composent surtout pour les provenances d'Allemagne de vitrifications émaillées et d'objets de verroterie (57.899 fr. en 1913 contre 45.545 fr. en 1912). Les marchandises de l'espèce, chargées sur les vapeurs de la *Compagnie Woermann*, soit à Hambourg, soit dans d'autres ports de l'Allemagne du Nord, étaient en partie de fabrication austro-hongroise.

Quant aux échanges commerciaux directs entre l'Autriche-Hongrie et le Sénégal leur mouvement n'a jamais représenté qu'une faible part du commerce général d'importation, la valeur globale des marchandises austro-hongroises importées directement de leur pays d'origine n'atteignant pas 60,000 francs pour l'année 1913; ils consistaient surtout en verroteries pour indigènes, fez et bonnets turcs et en bijouterie fausse expédiés dans la colonie par la voie postale.

L'industrie allemande a fourni au Haut-Sénégal et Niger des articles de même nature que ceux destinés au Sénégal; la part de ses produits dans les totaux de l'importation était sensiblement égale. Les considérations que peuvent suggérer les renseignements qui précèdent s'appliquent en conséquence à l'une et à l'autre de ces deux colonies.

Importations allemandes au Sénégal en 1912 et en 1913.

	1912 francs.	1913 francs.
Produits et dépouilles d'animaux..........	75.051	112.435
Pêches...................................	277	6.158
Farineux alimentaires....................	1.085.704	329.765
Fruits et graines	889	135
Denrée coloniales de consommations......	14.527	80.833
Huiles et sucs végétaux..................	60.438	4.994
Bois.....................................	16.148	13.725
Produits et déchets divers	4.056	1.696
Boissons	484.106	457.662
Marbres, pierres, terres.................	128.205	16.763
Métaux...................................	32.356	22.237
Produits chimiques......................	11.969	7.206
Couleurs.................................	2.733	6.349
Compositions diverses....................	38.380	43.896
Poteries.................................	3.173	3.366
Verres et cristaux.......................	56.328	69.451
Fils.....................................	6.645	1.794
Tissus...................................	302.513	522.393
Papier...................................	6.967	5.491
Peaux et pelleteries.....................	12.606	15.805
Ouvrages en métaux......................	107.403	154.446
Armes, poudres	9.326	7.107
Meubles..................................	3.860	7.845
Ouvrages en bois........................	4.789	11.728
Instruments de musique..................	4.205	4.058
Ouvrages en sparterie...................	417	19
— en matières diverses............	125.738	90.524
TOTAUX............	2.598.809	1.997.891

Importations allemandes dans le Haut-Sénégal-Niger
en 1912 et en 1913.

	1912 francs.	1913 francs.
Produits et dépouilles d'animaux............	92	467
Fruits et graines	113	»
Denrées coloniales de consommations........	14.841	»
Huiles et sucs végétaux.....................	1.715	1.701
A reporter	16.761	2.168

	1912 franes.	1913 francs.
Reports	16.701	2.168
Boissons.............................	11.277	4.292
Marbres, pierres, terres	21.843	1.368
Métaux................................... ..	14.874	2.123
Poteries.................................. .	2.443	»
Verres et cristaux...............	6.100	23.890
Tissus	6.909	3.461
Ouvrages en métaux.........................	9.020	7.933
Ouvrages en matières diverses...............	3.462	19.194
Compositions diverses.....:.................	»	224
Armes, poudres............................ •	»	2.701
Meubles...	»	57
TOTAUX.................	92.189	67.411

GUYANE

Les importations directes de l'étranger à la Guyane se sont élevées, en 1913, à 3.763.000 francs.

En voici les principales :

1° Des États-Unis d'Amérique.

	francs.
Viande salée ....:.....	203.500
Saindoux...	29.500
Beurre..	44.000
Conserves de viande............	20.000
Poissons salés..	2.500
Légumes secs..	20.000
Farines de froment..	261.000
Pommes de terre...	1.800
Homards en conserves......./	2.200
Biscuits fins..	12.000
Maïs en grains...	29.000
Avoine..	5.500
Tabac en feuilles...	22.000
Huile de coton...	193.000
Huile de pétrole	98.000

2° Des Colonies anglaises.

	francs.
Viande salée	94.000
Conserves de viande	15.000
Saindoux	14.000
Beurre	15.000
Poissons salés	8.000
Riz	121.000
Farine de froment	205.000
Maïs en grains	26.000
Avoine	9.500
Tabac en feuilles	18.000
Huile de coton	22.000
Bière	37.000
Huile de pétrole	12.000
Légumes secs	13.000

3° De la Guyane hollandaise.

	francs.
Viande salée	1.700
Riz	77.000
Farine de froment	39.000
Oignons	2.000
Maïs en grains	6.000
Huile de pétrole	2.300

4° D'Angleterre.

	francs.
Lait concentré	480
Riz	17.000
Bière	161.000
Savon de ménage	40.000

5° De Suisse.

	francs.
Lait condensé	1.500

6° Du Brésil.

	francs.
Poissons salés	1.300
Café	165.000

Il s'agit surtout de denrées alimentaires ou de produits du sol. Mais il y a lieu de mentionner les dragues aurifères, importées avant 1915, des États-Unis, quelques machines, des tissus, de la bonneterie, etc... importés aussi d'Angleterre.

Les importations directes d'Allemagne sont peu importantes. Elles consistent surtout en produits de l'industrie.

	francs.
Bimbeloterie de verre unie et taillée	3.000
Accordéons et phonographes	1.196
Meubles en bois courbé : sièges et autres	829
Porcelaine décorée	642

Ouvrages en métaux :

Pendules, articles de lampisterie et ouvrages en nickel	621
Bimbeloterie et jouets	479
Papier de fantaisie et livres	392
Chapeaux tannés d'une seule pièce dits « panamas »	128
Autres ouvrages en bois	61
Médicaments composés autres	30

Mais il n'en est pas de même des importations indirectes, c'est-à-dire des produits pris à la consommation en France, où ils ont été, au préalable, naturalisés par le paiement des droits de douane et importés dans la colonie. Nombreux sont les articles allemands et autrichiens qui sont ainsi vendus comme de provenance française.

Ces importations ne sont pas faites par des maisons allemandes, car il n'y en a pas dans la colonie, mais par des commissionnaires, qui achètent soit en France, soit au pays d'origine, au meilleur marché possible, au détriment de la qualité, les produits allemands et autrichiens importés dans la colonie.

Ces principaux produits importés ainsi dans la colonie sont : les chaussures, la gobeleterie de verre unie et taillée, les porcelaines décorées, les accordéons, les meubles en bois courbé, les articles de bimbeloterie, les papiers, les feutres, les tissus, les articles de bonneterie, les ustensiles de ménage etc... C'est en général ce qu'on appelle l'article de bazar.

Ces articles sont le plus souvent de très mauvaise qualité, bien que vendus très chers.

L'acheteur ne connaît point l'origine des produits qu'il achète ; il n'y attache guère d'importance. Chaque maison de commerce a sa clientèle propre, les prix de vente sont à peu de chose près les mêmes chez tous les marchands de la place. L'acheteur n'a pas le choix.

SAINT-PIERRE ET MIQUELON

L'administrateur de Saint-Pierre et Miquelon communique le relevé ci-dessous des principales marchandises d'origine allemande et austro-hongroise importées dans les établissements de Saint-Pierre et Miquelon pendant les trois dernières années avec l'indication des quantités introduites et de la valeur globale de celle-ci, calculée d'après les déclarations faites en douane par les importateurs.

Allemagne.

	kilos.	francs.
Cigares	41	
Légumes secs	897	
Pâtes alimentaires	70	1.455
Articles de ménage	107	
Poteries	687	
Bimbeloterie	184	

Autriche-Hongrie.

	kilos.	francs.
Légumes secs	1.502	630

RÉUNION

Les marchandises importées d'Allemagne ou d'Autriche-Hongrie dans la colonie peuvent se classer en trois catégories :

1° Marchandises importées directement des pays d'origine et dédouanées dans la ·colonie ;

2° Marchandises importées dans la colonie sous couvert de passavants, après dédouanement dans la métropole, mais dont l'origine étrangère n'est pas douteuse ;

3° Marchandises achetées sur les marchés de la métropole, comme étant d'origine nationale, mais dont un examen minutieux permet de reconnaître l'origine allemande.

CONSIDÉRATIONS GÉNÉRALES

Que l'on considère l'une ou l'autre catégorie de produits, il résulte de l'enquête menée auprès des négociants de la colonie que l'avenir de l'importation allemande et austro-hongroise dans la colonie reste subordonné à la situation qui sera faite aux marchandises originaires des dits pays sur le marché français. Il est très rare, en effet, que nos importateurs s'adressent directement aux industriels étrangers. Ils ont recours à des commissionnaires établis en France et le plus souvent ignorent la provenance et l'origine des colis qu'on leur expédie.

MARCHANDISES AUSTRO-HONGROISES

A l'exception des meubles en bois courbé, il n'est importé dans la colonie aucune marchandise d'origine austro-hongroise.

D'ailleurs, ces meubles eux-mêmes ne sont guère l'objet que de commandes faites par des particuliers pour leur usage personnel et ne dépassant guère un millier de francs par an. C'est ainsi qu'en 1912, la colonie a reçu d'Autriche-Hongrie 577 kilos de meubles en bois courbé valant 720 francs.

MARCHANDISES ALLEMANDES

Première catégorie

Le tableau ci-contre donne, en ce qui concerne les années 1911 et 1912, le mouvement d'importation des principaux produits d'origine allemande dédouanés à la Réunion.

DÉSIGNATION des MARCHANDISES	ANNÉES			
	1911		1912	
	QUANTITÉS	VALEURS	QUANTITÉS	VALEURS
	kilos.	francs.	kilos.	francs.
Vins de liqueurs en bouteilles	(ᴀ) 228	456	»	»
Bière	»	»	(ᴀ) 350	408
Tissus de laine	438	1.307	»	»
Orfèvrerie	213	1.400	»	»
Machines à coudre	4.721	19.360	1.556	9.546
Articles de lampisterie	774	2.685	156	1.608
Peaux préparées	»	»	50	1.315
Artifices pour divertissements	191	600	»	»
Meubles	25	40	30	80
Instruments de musique	1.096	5.520	497	2.558
Bicyclettes	28	500	»	»
Bimbeloterie — Tabletterie	17	34	647	2.513
Total		31.902		18.028

(ᴀ) Litres.

Les importations de vins de liqueur, bière, orfèvrerie, peaux préparées, meubles et bicyclettes sont purement accidentelles et sont effectuées par des particuliers pour leur consommation personnelle.

Machines à coudre. — Articles de lampisterie. — Instruments de musique. — Bimbeloterie. — Tabletterie. — Les articles similaires de fabrication française sont de qualité supérieure, mais d'un prix beaucoup plus élevé. Notamment en ce qui concerne les accordéons, harmonicas, machines à coudre, la fabrication allemande est appréciée par les consommateurs à cause de son bas prix de revient. Les objets en question étant surtout achetés par la classe pauvre de la population qui regarde moins à la qualité des marchandises qu'à la dépense. On signale cependant que des industriels métropolitains s'efforçaient de produire des machines à coudre de qualité inférieure pouvant soutenir la concurrence des produits allemands et plusieurs négociants de la place se proposaient de donner suite à leurs offres au moment de la déclaration de guerre.

D'une façon générale, il semble bien que l'industriel français ne se plie pas assez facilement au goût de la clientèle coloniale et exige, pour changer ses procédés de fabrication, des commandes que, dans le début, nos commerçants ne sauraient évidemment lui offrir. Il est nécessaire, en effet, de tenir compte dans les transactions de cette nature que la plus grande part des produits importés est destinée à des consommateurs enant moins compte de la qualité de l'objet que de son aspect extérieur et du prix auquel il est mis en vente.

Cette remarque s'applique d'une façon spéciale aux articles de lampisterie et de bimbeloterie d'origine allemande qui, cuivrés émaillés ou peints ont, à prix bien inférieur, un aspect plus séduisant que les similaires, pourtant de meilleure qualité, fabriqués par les industriels français.

Tissus de laine. — L'importation allemande, en ce qui concerne cet article, comprend principalement la flanelle dit de Chine.

Articles pour divertissements. — La colonie reçoit d'Allemagne certains artifices pour fêtes publiques, notamment les allumettes dites de Bengale. Les réceptionnaires de ces marchandises sont, disent-ils obligés de s'adresser à l'étranger parce qu'il ne se fabrique pas en France de produits similaires.

Briquets automatiques. — Les articles du genre reçus dans la colonie sont presque tous d'origine allemande. Ils sont appréciés pour leur bon marché.

Avant de clore cette étude sur les importations de la première catégorie, il convient de faire ressortir que les chiffres figurant dans le tableau ci-dessus sont bien inférieurs en réalité au trafic réel des marchandises allemandes dédouanées à la Réunion. En effet, les relevés de la statistique commerciale établie par le service des douanes, tiennent compte, non de l'origine véritable des marchandises, mais de leur provenance et tous les articles en question proviennent toujours de la métropole. Dans ces conditions, il est parfois très difficile d'être fixé sur l'origine des produits d'une façon certaine.

Deuxième catégorie

Les produits et objets d'origine allemande importés dans la colonie après dédouanement dans la métropole sont principalement : les dynamos, les pièces accessoires des machines électriques, les lampes Osram, Tantale et autres, les lampes pour l'éclairage à l'alcool, au pétrole et à l'acétylène, les cartes postales illustrées, les chromos, les produits chimiques et les spécialités pharmaceutiques, les bois d'encadrement, les pièces de machines pour usines et enfin le papier paille pour emballage.

Il est assez difficile de se rendre un compte exact de l'importance de ce mouvement, les réceptionnaires peuvent seuls tirer, soit des indications gravées sur les objets, soit parfois de la forme des emballages, soit enfin des marques de fabrique, quelques renseignements sur l'origine des marchandises.

Il est parvenu à la Réunion dans les conditions ci-dessus indiquées, des stocks d'articles de lampisterie allemande, importés par la voie de l'Angleterre et de Bombay, sans que les frais occasionnés par le transport indirect, les transbordements successifs et l'application du tarif général aux colis en question, non importés en droiture, aient été un obstacle à leur écoulement sur place.

Il semble bien que la vente de ces objets de qualité tout à fait grossière, ne peut guère s'expliquer que par leur bon marché.

Troisième catégorie

Nous classons ici les produits, qui souvent dans la métropole même sont considérés comme d'origine nationale et qui d'ailleurs ne portent la plupart du temps aucune marque d'origine. Il est très délicat d'en établir une nomenclature quelconque.

Cependant, plusieurs membres de la chambre de commerce ont indiqué certains médicaments qui arrivent sous étiquette française, bien qu'il ne soit pas douteux que ces préparations pharmaceutiques proviennent de l'industrie allemande.

On a signalé aussi les petits objets en faïence ou en verre pour étagères, les statuettes grossières qui, même à qualité égale, se vendent meilleur marché que les produits français.

Il est difficile de donner par les importations de cette nature une précision suffisante.

CONCLUSION

En résumé, il ne semble pas à craindre que le mouvement des produits allemands et austro-hongrois importés directement à la Réunion soit jamais appelé à prendre une bien grande extension.

Seule, l'importation de produits allemands résultant d'achats effectués dans la métropole pourrait porter préjudice à l'industrie nationale. Mais, ce mouvement échappe forcément à un examen minutieux, en ce qui concerne son importance ainsi que les motifs qui l'engendrent et le font prospérer.

A ce point de vue, la lutte entreprise contre l'envahissement du marché français par les produits allemands peut seule donner des résultats satisfaisants pour la sauvegarde du marché colonial.

ÉTABLISSEMENTS FRANÇAIS DE L'OCÉANIE

La part de l'Allemagne dans les importations de la colonie a été en 1911 de 2,79 p. 100, en 1912 de 2,48 p. 100, et en 1913 de 2,55 p. 100.

Les principaux articles importés d'Allemagne ont été cigares et cigarettes, huile de lin, vinaigre, bières, couleurs broyées à l'huile, fil à coudre, tissus (dentelles et guipures, couvertures), machines pour l'industrie, bicyclettes, accordéons et harmonicas.

L'introduction des bicyclettes n'a commencé qu'en 1913. Le bon marché de la plupart des articles malgré l'infériorité de la qualité est la principale cause de leurs succès.

TABLEAU

IMPORTATIONS ALLEMANDES PENDANT LES ANNÉES 1911, 1912 ET 1913

DÉSIGNATION DES MARCHANDISES	ESPÈCE des UNITÉS	ANNÉES					
		1911		1912		1913	
		QUANTITÉS	VALEURS	QUANTITÉS	VALEURS	QUANTITÉS	VALEURS
			francs.		francs.		francs.
Viande salée de porc........	Kilo.	»	»	»	»	30	119
Charcuterie.................	—	206	860	208	554	198	532
Conserves de gibiers en boîtes....................	—	»	»	»	»	55	119
Pâté de foie gras...........	—	45	293	»	»	»	»
Extraits de viandes........	—	21	293	29	244	86	789
Plumes de parures.........	Valeur.	»	»	»	275	»	»
Fromages...................	Kilo.	180	216	179	383	175	228
Lait concentré.............	—	»	»	234	99	»	»
Poissons.... { secs, salés ou fumés (harengs).......	—	122	67	42	35	144	31
{ autres........	—	»	»	22	83	»	»
Sardines à l'huile...........	—	323	476	878	1.152	»	»
Autres conserves de poissons en boîtes........	—	13	368	15	158	435	607
Biscuits de mer.............	—	33	29	3	»	»	»
Fruits de table secs........	—	»	»	»	»	234	26
Biscuits de table secs.......	—	10	55	10	71	78	131
Confitures.................	—	»	»	36	31	15	31
Épices diverses...:.........	—	»	»	15	28	»	»
Cigares et cigarettes........	Valeur.	»	3.266	»	6.573	»	5.36
Tabacs à fumer.............	Kilo.	1.150	2.572	1.000	3.596	»	»
Huile....... { de ricin......	Valeur.	»	1.566	»	»	»	»
{ de lin.......	Kilo.	7.720	9.301	4.645	5.072	10.690	7.78
Légumes.... { salés ou confits conservés en boîtes.......	—	4	7	271	206	189	121
	—	»	»	»	»	303	297
Produits et déchets divers...	Valeur.	»	»	»	70	»	»
Vin blanc en verre..........	Litre.	27	50	»	»	»	»
Vinaigre...................	—	720	531	549	330	1.441	1.003
Bière.....................	—	3.708	2.534	8.130	3.722	9.906	6.444
Whisky....................	—	»	»	46	196	»	»
Eaux-de-vie...............	—	18	40	»	»	»	»
Bitter.....................	—	»	»	6	56	»	»
Liqueurs assorties..........	—	»	»	11	18	11	211
Eaux minérales............	Bout.	»	»	130	117	25	355
Tôles galvanisées...........	Kilo.	27.588	7.836	»	»	»	»
Plomb.....................	—	»	»	275	121	271	153
Produits chimiques.........	Valeur.	»	»	»	990	»	57
Couleurs broyées à l'huile...	Kilo.	50.526	24.178	41.941	71.856	68.270	33.009
Ocres broyées en poudre....	—	»	»	400	193	200	220

DÉSIGNATION DES MARCHANDISES	ESPÈCE des UNITÉS	ANNÉES					
		1911		1912		1913	
		QUANTITÉS	VALEURS	QUANTITÉS	VALEURS	QUANTITÉS	VALEURS
			francs.		francs.		francs.
Parfumerie.. { à l'alcool....	Valeur.	»	336	»	188	»	279
{ sans alcool...	—	»	»	»	205	»	373
Moutarde..................	—	»	»	»	12	»	»
Savons de parfumerie.......	—	»	209	»	212	»	»
Sauces....................	Kilo.	»	»	27	71	»	»
Médicaments { composés....	Valeur.	»	9	»	176	»	180
{ simples......	—	»	»	»	36	»	»
Cire à cacheter............	—	»	»	»	7	38	»
Mastic....................	—	»	»	»	»	406	122
Poudre de levain..........	—	»	»	»	»	»	78
Faïences..................	—	»	2.298	»	1.034	»	3.010
Verrerie..................	—	»	772	»	1.938	»	722
Fil à coudre...............	Grosse.	1.503	18.849	1.462	13.208	1.479	16.151
Ficelles...................	Kilo.	30	99	»	»	350	475
Cordages..................	—	168	214	138	197	»	»
Toiles à matelas...........	Mètre.	3.196	1.964	»	»	2.177	1.285
Coutil....................	—	110	128	»	»	»	»
Mousseline................	—	3.725	2.771	5.819	5.255	1.996	1.337
Calicot...................	—	4.592	1.655	»	»	»	»
Cotonnades................	—	2.362	1.191	8.301	4.486	7.684	3.291
Drap......................	—	»	»	»	»	104	774
Bonneterie................	Valeur.	»	7.941	»	6.635	»	»
Dentelles et guipures.......	—	»	9.008	»	13.330	»	4.586
Couvertures...............	—	»	11.367	»	3.396	»	4.396
Tulles....................	—	»	»	»	»	»	3.300
Rideaux...................	—	»	»	»	»	»	740
Mèches de lampes.........	—	»	35	»	»	»	952
Tapis.....................	—	»	»	»	387	»	»
Châles....................	—	»	10.606	»	8.182	»	478
Rubannerie................	—	»	»	»	1.354	»	»
Soieries..................	—	»	»	»	12	»	1.302
Broderies.................	—	»	2.331	»	5.430	»	1.007
Lingerie..................	—	»	1.205	»	1.407	»	2.032
Vêtements................	—	»	1.456	»	8.519	»	2.190
Papeterie.................	—	»	1.434	»	206	»	1.789
Papiers peints............	—	»	166	»	16	»	238
Carton....................	Kilo.	»	68	136	89	»	»
Librairie..................	Valeur.	»	»	»	»	»	1.348
Registres, carnets.........	—	»	145	»	1.113	»	»
Chaussures...............	—	»	»	5	26	60	641
Ceintures en cuir.........	Douz.	»	»	»	»	»	»

IMPORTATIONS ALLEMANDES PENDANT LES ANNÉES 1911, 1912 ET 1913 (*Suite et fin.*)

DÉSIGNATION DES MARCHANDISES	ESPÈCE des UNITÉS	1911		1912		1913	
		QUANTITÉS	VALEURS	QUANTITÉS	VALEURS	QUANTITÉS	VALEURS
			francs.		francs.		francs.
Articles de sellerie	Valeur.	»	»	»	122	»	»
Malles en cuir	—	»	»	»	760	»	»
Orfèvrerie	—	»	»	»	79	»	132
Bijouterie	—	»	3.900	»	»	»	»
Horlogerie	—	»	157	»	173	»	187
Outils	—	»	271	»	470	»	57
Aiguilles et épingles	—	»	206	»	»	»	4
Plumes métalliques	—	»	31	»	»	»	»
Coutellerie	—	»	1.045	»	3.434	»	2.39
Ferronnerie	—	»	8.517	»	»	»	»
Fourneaux	—	»	513	»	625	»	»
Serrurerie	—	»	96	»	5	»	2
Quincaillerie	—	»	2.995	»	10.633	»	4.4
Ronces artificielles	Kilo.	»	»	3.000	691	2.000	69
Chaînes	—	»	»	288	150	»	»
Clous ordinaires	—	1.450	1.387	6.550	1.743	12.900	12.46
Ferblanterie	Valeur.	»	5.910	»	3.598	»	1.77
Lampisterie	—	»	865	»	179	»	1.30
Caisses à eau	Nombre.	»	»	»	»	2	53
Machines { pour l'industrie	Valeur.	»	27.507	»	272	»	81.33
Machines { à coudre	Nombre.	»	»	1	91	18	1.62
Machines { outils	Valeur.	»	»	»	»	»	94
Machines { agricoles	—	»	2.270	»	»	»	»
Balances et bascules	—	»	37	»	»	»	3.83

DÉSIGNATION DES MARCHANDISES	ESPÈCE des UNITÉS	1911		1912		1913	
		QUANTITÉS	VALEURS	QUANTITÉS	VALEURS	QUANTITÉS	VALEURS
			francs.		francs.		francs.
Pièces détachées	Valeur.	»	1.009	»	1.576	»	200
Meubles	—	»	187	»	1.476	»	1.112
Moulures	—	»	401	»	391	»	227
Caisses vides	—	»	739	»	»	»	»
Pianos	Nombre.	»	»	1	707	2	2.513
Instruments de musique { à vent	Valeur.	»	»	»	208	»	»
Instruments de musique { à cordes	—	»	»	»	50	»	»
Accordéons	Nombre.	925	4.763	329	5.659	1.734	4.011
Harmonicas	Douz.	463	2.127	410	1.963	365	2.905
Paillassons	Valeur.	»	»	»	121	»	»
Chapeaux de paille	—	»	»	»	7	»	49
Bicyclettes	Nombre.	»	»	19	2.036	30	2.599
Feutre	Kilo.	»	»	350	100	»	»
Chapellerie	Valeur.	»	875	»	233	»	1.902
Instruments scientifiques	—	»	186	»	»	»	»
Graphophones et accessoires	—	»	1.199	»	290	»	»
Brosserie	—	»	7	»	13	»	»
Boutons	—	»	937	»	862	»	49
Bouchons	Nombre.	»	»	»	»	17.000	180
Bimbeloterie	Valeur.	»	2.290	»	134	»	3.190
Allumettes	Grosse.	»	450	725	5.000	7.514	»
Fleurs artificielles	Valeur.	»	725	5.000	7.514	»	»
Parapluies et ombrelles	—	»	74	»	2.754	»	1.198
Ouvrages en matières diverses non dénommées	—	»	1.358	»	857	»	»

NOUVELLE - CALÉDONIE

Le mouvement du commerce général de la Nouvelle-Calédonie en 1913 fait ressortir un total de 17.708.000 francs aux importations.

La France y contribue pour une somme de 8.587.000 francs; la part apparente de l'Allemagne est de 104.727 francs et porte en presque totalité sur le matériel et les ouvrages en métaux à l'usage des usines qui traitent les minerais de nickel et de chrome.

Ces marchandises sont les seules reprises aux statistiques, au compte de l'Allemagne, parce que ce sont les seules qui ont été transportées en droiture, mais les denrées alimentaires, les objets manufacturés, tels que les tissus, etc. consommés dans la colonie et de provenance australienne ne sont pas originaires de l'Australie. Ils sont venus primitivement des divers pays d'Europe, y compris l'Allemagne, mais dans une proportion qu'il n'est pas possible de déterminer ; on peut seulement donner le chiffre des importations totales de provenance australienne, il a été de 4.591.000 francs.

Il en était de même pour les importations de provenance belge qui avaient souvent une origine germanique.

La comparaison de la nature des marchandises venues d'Anvers avec les marchandises allemandes fait ressortir cette similitude. Le chiffre des importations de cette provenance s'est élevé en 1913 à 589.642 francs.

Importations allemandes en Nouvelle-Calédonie en 1912 et 1913.

	1912.	1913.
	francs.	francs.
Matériaux de construction...................	3.574	»
Pierres, terres servant aux arts et métiers.....	»	6.906
Houille carbonisée (coke).....................	40.933	46.703
A reporter...................	44.507	53.609

	1912 francs.	1913 francs.
Reports	44.507	53.609
Fer étiré en barres	»	423
Acier en tôles................................	»	764
Tissus de coton..............................	»	1.728
Bonneterie autres	»	478
Locomotives.................................	8.050	13.550
Appareils électriques........................	»	27
Machines outils..............................	1.775	»
Pièces détachées en fonte....................	1.807	825
Pièces en acier	107	12.784
Pièces de plusieurs métaux..................	1.873	976
Piles pour l'électricité.......................	»	84
Ouvrages non polis..........................	»	381
Ferronnerie.................................	12.247	10.570
Câbles, chaînes, vis.........................	6.967	4.419
Tuyaux......................................	»	440
Accumulateurs en nickel.....................	1.122	»
Ouvrages non dénommés, polis..............	»	1.749
Chaudronnerie en cuivre	»	1.644
Harmonicas..................................	»	276
Wagonnets...................................	3.861	»
TOTAUX	82.496	104.727

MADAGASCAR ET DÉPENDANCES

Le Gouvernement général de Madagascar a fait procéder à l'étude des moyens à employer pour substituer, à Madagascar, l'action commerciale de la France à celle de l'Allemagne.

La question a été tout d'abord soumise à l'examen des Chambres consultatives de commerce et d'industrie, et une commission spéciale a été chargée de centraliser à Tananarive les avis de ces assemblées et des différentes provinces de la colonie et d'en dégager la solution pratique du problème.

IMPORTATIONS

Le rapport de cette commission mentionne que l'Allemagne n'expédiait directement à Madagascar que peu de produits manufacturés.

Ces importations pour les quatre dernières années sont représentées en valeur par les chiffres suivants :

	francs.
1910	536.383
1911	731.737
1912	847.326
1913	1.066.884

Par rapport à l'ensemble des importations qui, pour ces mêmes années, a été de :

	francs.
1910	33.436.922
1911	44.763.892
1912	50.034.848
1913	46.747.456

L'introduction des articles allemands dans la colonie ne représente donc qu'une part très peu importante du commerce.

La plus grande part dans ce chiffre est représentée par les métaux et les ouvrages en métaux ; viennent ensuite les faïences, porcelaines, les bonbons, biscuits sucrés et les accordéons.

En revanche, un certain nombre d'objets de fabrication allemande, préalablement nationalisés à leur passage en France par
l'acquit des droits, étaient chargés dans les ports de la métropole
à destination de la colonie.

Cette faveur rencontrée par les produits allemands provient,
comme on le sait, des bas prix auxquels ils sont offerts et du soin
que les fabricants apportent à discerner le goût de l'acheteur et à
s'y conformer scrupuleusement. Ce souci de flatter les désirs de
la clientèle se retrouve entièrement chez les commerçants allemands de la colonie et constitue un facteur important de succès
auprès des populations indigènes pour leurs articles d'importation
même d'origine française.

Comme premières conclusions pratiques des remarques qui
précèdent, il serait à souhaiter, ainsi que la Commission en émet
l'avis, qu'indépendamment des entraves qui pourraient être appor-
tées en France à la nationalisation des produits allemands, les
importateurs et les commerçants de la colonie s'inspirent exclusivement des préférences de la clientèle indigène à l'occasion de
leurs envois ou de leurs commandes d'objets manufacturés et ne
cherchent pas à imposer leur goût.

Le courant d'opinion qui existe actuellement dans la colonie
en faveur de la nécessité évidente de plier le commerce d'importation au goût de la clientèle indigène est de nature à garantir
contre de nouvelles erreurs de méthode de la part de nos commerçants.

La Commission émet en outre le vœu que notre industrie
nationale soit tenue au courant du genre de produits manufacturés
susceptibles de satisfaire les goûts des acheteurs d'outre-mer et
arrive à les fabriquer à bon compte.

En ce qui concerne cette dernière série de conditions à remplir,
l'envoi à l'*Office colonial* d'échantillons et de renseignements
précis sur les articles susceptibles d'être demandés à la métropole, apportera un sérieux appoint à la solution du problème.

Il a été dit enfin qu'il serait désirable que l'industrie nationale fabrique à meilleur marché. L'autorité locale exprime le
vœu que si cette condition doit se réaliser, ce ne soit pas au détriment de la qualité des objets manufacturés importés destinés à
un usage courant et permanent. L'indigène de Madagascar appré-
cie de plus en plus, en effet, la valeur réelle des articles qui lui
sont ordinairement nécessaires et nos importateurs seraient, par

exemple, mal venus de lui offrir des tissus de qualité inférieure à ceux qui ont été jusqu'ici de vente courante.

EXPORTATIONS

Les vues précédemment émises n'ont trait qu'au commerce d'exportation ; mais les deux sens de transactions qui caractérisent le commerce d'outre-mer sont bien trop étroitement unis pour que l'on puisse les séparer dans la recherche des améliorations à apporter à chacun d'eux. C'est dans cet esprit que la Commission s'est préoccupée également des voies et moyens qui ont assuré le succès du commerce allemand d'exportation.

C'est en effet, dans l'exportation des produits locaux que les maisons allemandes, avec le puissant concours de leurs lignes de navigation à rendement économique, avaient pris à Madagascar une place prépondérante.

Le problème à résoudre en ce qui concerne Madagascar présente encore plus d'urgence et d'intérêt pour les exportations que pour les importations.

Le chiffre des produits exportés par ces maisons pendant les quatre années est le suivant :

	francs.
1910	10.393.560
1011	8.941.942
1912	9.627.328
1913	10.073.444

En 1913, sur 56.054.377 francs de produits exportés de Madagascar, il en a été transporté 10.702.149 francs sous pavillon allemand.

Il est donc de toute nécessité que notre commerce national et nos compagnies de navigation se substituent dans cet important trafic aux maisons allemandes et qu'elles récupèrent la place que l'activité commerciale de nos adversaires leur avait fait perdre.

*
* *

Dans un paragraphe spécial de son rapport, la Commission a mis en lumière le double courant d'affaires créé par les maisons allemandes grâce aux longs crédits qu'elles pouvaient accorder et à la certitude de trouver sur les marchés allemands le placement direct des produits malgaches.

La question du développement des lignes de navigation commerciales et de l'abaissement des frets est, avec celle des longs crédits, la plus importante à résoudre.

Pour Madagascar, ce point est d'une importance capitale puisque la plupart de ses produits sont des produits pauvres.

*
* *

Enfin la Commission préconise la création en France de marchés pour les différents produits coloniaux qui jusqu'ici alimentaient l'activité des ports allemands notamment. Il serait fâcheux, en effet, que nos nationaux, à défaut de marché national pour nos produits coloniaux, se voient contraints d'aller chercher à l'étranger, principalement en Allemagne, ceux de ses produits qui leur sont nécessaires et qui proviennent de nos colonies. Il paraîtrait donc particulièrement intéressant, tant au point de vue commercial qu'au point de vue du développement de notre marine marchande que ces marchés soient transférés sur le territoire national.

Dans cet ordre d'idées, le groupement des importateurs dans la métropole, par nature de produits, cuirs, écorces à tan, fibres, caoutchoucs, grains, manioc, graphite, etc., pour ce qui concerne les produits de Madagascar, pourrait utilement intervenir pour réaliser cette importante innovation.

*
* *

Une question qui se lie aux précédentes est celle de la transformation sur place des produits pauvres et encombrants, tels que les écorces tannantes, le manioc, les fibres textiles, etc., la présentation de ces produits sous une forme condensée étant de nature à apporter déjà un remède efficace à la cherté du fret.

TABLEAU
7

Importations allemandes à Madagascar
en 1912 et en 1913.

DÉSIGNATION	ANNÉES	
	1912	1913
	francs.	francs.
Animaux vivants	120	500
Produits et dépouilles d'animaux	12.596	10.137
Pêches	1.014	1.237
Farineux alimentaires	3.213	996
Fruits et graines	509	258
Denrées coloniales	17.170	53.005
Huiles et sucs végétaux	3.577	5.053
Bois	29.908	5.894
Fruits et filaments	300	1.030
Déchets divers	2 987	3.495
Boissons	76.263	70.788
Combustibles minéraux	16.215	11.291
Métaux	75.531	162.509
Produits chimiques	11.136	8.457
Teintures préparées	100	1.580
Couleurs	5.896	8.335
Compositions diverses	5.269	35.498
Poteries	45.360	36.815
Verres et cristaux	7.460	11.054
Fils	4.169	8.886
Tissus	33.645	35.681
Papier et ses applications	27.681	27.083
Pelleteries	3.895	3.546
Ouvrages en métaux	371.554	411 149
Armes	235	»
Meubles	21.088	35.775
Ouvrages en bois	3.127	5.828
Instruments de musique	13.651	51.937
Ouvrages de vannerie	1.405	273
Ouvrages en matières diverses	52.272	59.814
TOTAUX	847.326	1.066.884

Il a été en outre importé : 1° des colonies allemandes, en 1912, pour 47.190 francs; en 1913, pour 138.213 francs; 2° de l'Autriche-Hongrie, en 1912, pour 29.537 francs et en 1913, pour 18.831 francs.

Exportations de Madagascar en Allemagne
en 1912 et en 1913.

DÉSIGNATION	ANNÉES	
	1912	1913
	francs.	francs.
Animaux vivants	5.325	6.005
Produits et dépouilles d'animaux	4.214.793	6.027.645
Matières dures à tailler	96.238	69.000
Farineux alimentaires	172.047	88.020
Fruits et graines.................	600	200
Denrées coloniales........	203.415	346.500
Huiles et sucs végétaux.....	1.315.710	588.872
Bois..	229.440	259.070
Filaments, tiges (raphia	1.280.269	1.093.118
Teintures et tanins..................... ...	1.890.707	1.366.718
Déchets divers.....................	5.750	5.000
Combustibles minéraux	137.644	158.007
Ouvrages en sparterie........	53.480	48.244
Ouvrages en matières diverses	17.325	7.690
TOTAUX................. ...	9.622.743	10 064.004

Il a été également exporté en Autriche-Hongrie pour 36.600 francs en 1912, et pour 96.256 francs en 1913.

Ces exportations portent presque en totalité sur le raphia.

CÔTE D'IVOIRE

Avant d'examiner quels sont les produits d'origine allemande qui pourraient être remplacés en Côte d'Ivoire par des produits d'origine française, M. le Gouverneur de la colonie insiste tout d'abord sur un point essentiel : c'est celui de l'adaptation de la marchandise au goût de l'acheteur. On ne saurait trop le répéter; la production doit suivre constamment les goûts de la clientèle.

Mais ce n'est pas tout; lorsque les industriels et les commerçants de la métropole se seront pénétrés de ce principe, il y aura lieu encore, d'après l'autorité locale :

1° D'augmenter les relations maritimes avec la France et d'abaisser le prix du fret;

2° De consentir un plus large crédit aux acheteurs locaux;

3° De faciliter davantage l'escompte des effets de commerce par une meilleure organisation bancaire.

A ce dernier point de vue, le rapport de M. le Gouverneur de la Côte d'Ivoire cite la façon de procéder de diverses maisons allemandes qui ne craignaient pas d'envoyer des marchandises à des indigènes dans les conditions suivantes :

« Ces indigènes qui n'ont, la plupart, aucun crédit sur place, « faisaient des commandes en Europe et envoyaient une partie « du prix. Les expéditeurs envoyaient les marchandises par « l'intermédiaire de la *Bank of British West Africa Limited*, et « les faisaient accompagner d'une traite à 60 ou 90 jours. « La banque avançait aux expéditeurs au vu de ce document, « une partie du prix des marchandises qui étaient déposées dans « des magasins jusqu'au jour où le destinataire venait en « prendre livraison contre paiement de la traite.

« Les marchandises entraient en douane au compte de la *Bank* « *of British West Africa*, qui acquittait les droits exigibles en « son propre nom ».

Examinons maintenant quelles sont les principales importations d'origine allemande dans la colonie, pendant la dernière période décennale 1904-1913 .

Principales importations d'origine allemande
à la Côte d'Ivoire, en 1904, 1911, 1912, 1913.

MARCHANDISES	ANNÉES			
	1904	1911	1912	1913
	francs.	francs.	francs.	francs.
Produits et dépouilles d'animaux.	15.967	54.375	69.966	88.683
Farineux alimentaires...........	11.562	281.748	287.490	444.845
Denrées coloniales..............	5.743	40.060	57.601	38.373
Bois............................	88.245	102.925	57.879	125.592
Boissons..............	399.919	273.768	276.012	248.132
Marbres, pierres, etc............	27.715	52.936	62.349	106.117
Métaux	55.551	24.545	21.580	322.528
Compositions diverses..........	65.658	156.970	118.432	114.356
Verres, cristaux................	30.058	124.458	64.666	68.766
Tissus	206.110	749.733	576.595	465.147
Ouvrages { en métaux...........	246.549	944.264	408.534	506.825
en bois..............	81.707	155.088	90.631	132.339
en matières diverses..	58.920	127.891	125.485	116.677
TOTAUX GÉNÉRAUX, y compris les articles non dénommés ci-dessus:	1.610.352	3.232.980	2.332.764	2.923.480
Part { de la France.........	44 %	34 %	36 %	37 %
de l'Allemagne.......	10 %	16 %	13 %	16 %

L'examen de ces tableaux et leur comparaison avec les résultats d'ensemble du commerce de la colonie permettent de constater que les importations de certains articles d'origine allemande. tels que les farineux alimentaires, les bois d'industrie, les pierres et combustibles, les métaux, les verres et cristaux, n'ont pas cessé d'augmenter, alors même qu'un certain ralentissement était constaté pour les importations totales de ces articles.

L'importation d'autres marchandises, tels que les tissus et les

ouvrages en métaux à a peine varié. malgré le fléchissement
des importations globales de 1911 à 1913.

Les progrès réalisés par le commerce allemand apparaissent
encore plus sensibles dans le tableau ci-dessous :

	1904	1913
	francs.	francs.
Produits et dépouilles d'animaux	15.000	88.000
Farineux alimentaires	11.000	445.000
Pierres combustibles	27.000	106.000
Métaux	55.000	322.000
Tissus	206.090	465.000
Ouvrages { en métaux	246.000	506.000
en bois	81.000	132.000
matières diverses	58.000	116.000

Bref, en 10 ans, le commerce des allemands en Côte d'Ivoire
a augmenté pour ces articles de 80 p. 100.

Il appartient maintenant à nos commerçants de la métropole
de fournir à la Côte d'Ivoire les articles de provenance allemande énumérés dans les tableaux ci-après.

EXPORTATIONS DE LA CÔTE D'IVOIRE
EN ALLEMAGNE

Les expéditions du produit du crû de la colonie en Allemagne
ont toujours été en augmentation. Jusqu'en 1910 elles ne pré-
sentaient cependant rien d'exagéré, mais depuis 1911, elles ont
progressé avec une grande rapidité, passant de 800.000 francs à
2.900.000, soit plus du triple.

Le tableau ci-après fait ressortir cette progression, qu'il faut
attribuer à une nouvelle organisation des marchés des produits
coloniaux en Allemagne.

ANNÉES	EXPORTATIONS EN ALLEMAGNE	DIFFÉRENCE AVEC L'ANNÉE PRÉCÉDENTE	
		en moins.	en plus.
	francs.	francs.	francs.
1904	482.911	»	»
1903	424.180	58.731	»
1910	680.480	»	256.300
1911	835.968	»	155.488
1912	1.483.522	»	647.554
1913	2.871.641	»	1.388.119

L'augmentation des exportations en Allemagne porte surtout :

1° Sur les palmistes :

	francs.
1909	353.154
1912	1.067.246
1913	1.820.912

2° Sur les bois :

1909	2.000
1912	130.618
1913	725.214

3° Sur le caoutchouc :

1909	11.559
1912	178.130
1913	195.005

L'Allemagne a toujours été le grand marché pour les palmistes ; achetant au début 50 p. 100 de la production locale, elle a fini par en absorber actuellement 75 p. 100.

La progression pour les bois d'acajou est également sensible. C'est le résultat des efforts qui ont été faits pour créer un marché à Hambourg au détriment de Liverpool.

Enfin le caoutchouc suit la même progression, mais cette fois, au détriment des marchés français. Pendant les 7 premiers mois de 1914, il a été exporté pour l'Allemagne, en quantités :

Amandes de palme	1.089 tonnes	sur une proportion de	1.463 tonnes
Acajou	1.720 —	— —	18.245 —
Caoutchouc	23 —	— —	46 —

La progression pour les palmistes, l'acajou et le caoutchouc est, cette fois encore, à signaler.

Des chiffres qui précèdent, il faut conclure que des marchés doivent être organisés en France pour ces trois produits. Actuellement, les principaux produits d'exportation sont : l'huile de palme, les palmistes, l'acajou et le caoutchouc. Sauf le premier, tous vont, en grande partie, à l'étranger.

Marchandises importées d'Allemagne à la Côte d'Ivoire en 1911, 1912 et 1913.

DÉSIGNATION	ANNÉES		
	1911	1912	1913
	francs.	francs.	francs.
Lait stérilisé, lait concentré et naturel..................	23.000	30.000	53.000
Fromages autres.............	7.700	6.000	7.000
Beurre salé...................	9.000	14.000	15.000
Poissons secs autres que les harengs....................	600	3.000	7.000
Sardines....................	9.600	11.000	24.000
Riz	270.000	281.000	433.000
Cafés torréfiés...............	»	1.000	4.000
Cigares.........	9.000	8.000	9.000
Huile de coton en barrique...	3.000	5.000	8.000
Bois à construire............	102.000	58.000	157.000
Huile fixe de lin.............	2.000	1.000	5.000
Bières { en fûts..............	»	»	4.606
{ en bouteilles........	37.000	47.000	45.101
Limonades	21.000	23.000	46.637
Alcools, eaux-de-vie., etc.....	180.000	187.000	142.644
Ciment.............	2.700	19.000	41.448
Huile { de pétrole raffiné.....	»	2.000	8.121
{ lourde et résidu.......	21.000	18.000	18.189
Vaseline.....................	»	»	1.116
Fer, feuillards et bandes.....	»	»	2.243
Rails de fer ou d'acier........	»	2.600	288.659
Ouvrages bruts en fonte......	»	»	14.963
Outils emmanchés ou non en fer......................	119.000	65.000	52.289
Hameçons...................	1.600	3.000	5.979
Coutellerie commune........	41.000	27.000	13.424
Serrurerie...................	14.000	12.000	12.751

Marchandises importées d'Allemagne à la Côte d'Ivoire en 1911, 1912 et 1913. (*Suite.*)

DÉSIGNATION	ANNÉES		
	1911	1912	1913
	francs.	francs.	francs.
Clous de toutes dimensions..	4.400	4.600	8.905
Pointes, fils de fer ou acier...	4.800	1.300	1.397
Vis, pitons, boulons, etc......	900	1.800	13.098
Ouvrages en fer émaillé......	3.400	3.700	2.331
Articles de ménage émaillés.	101.000	72.000	86.799
Machines à coudre..........	11.800	13.500	11.778
Pièces détachées en fonte....	»	»	1.486
Pièces détachées en plusieurs métaux....................	251.000	15.700	55.242
Horloges, pendules, réveils, etc	1.200	1.700	1.084
Cuivre pur ou allié en fils....	»	5.000	6.778
Plomb battu ou laminé.......	800	4.400	3.626
Plomb en masses ou saumons.	»	»	9.516
Outremer....................	1.600	6.000	4.230
Parfumerie.. { alcoolique	22.000	18.000	21.389
{ non alcoolique.	99.000	»	82.000
Poteries communes..........	1.700	»	6.000
Pipes en terre...............	»	»	2.855
Glaces de moins de 0 mq. 500.	14.000	5.600	5.571
Gobeleterie de verre ou cristal	1.500	2.700	2.377
Verre ordinaire..............	2.500	»	1.507
Vitrification en grains percés.	101.000	53.000	57.549
Tissus de coton imprimés ...	257.000	182.000	143.000
Velours.....................	7.000	9.000	14.852
Couvertures en coton.........	136.000	95.000	98.684
Bonneterie	20.000	20.000	17.000
Tissus de laine, « châles »....	5.000	»	1.488
Armes blanches.............	4.700	4.400	4.487

Marchandises importées d'Allemagne à la Côte d'Ivoire en 1911, 1912 et 1913. *(Suite et fin.)*

DÉSIGNATION	ANNÉES		
	1911	1912	1913
	francs.	francs.	francs.
Meubles « sièges »	4.000	4.000	2.557
Accordéons	5.600	6.000	3.910
Harmonicas	1.000	2.000	2.589
Futailles vides	103.000	83.000	91.395
Sabots communs	»	»	1.531
Pipes.. en bois	4.000	8.600	5.824
en écume	4.500	1.300	5.891
Tabletterie.. peignes	4.700	4.500	2.496
autre	6.000	1.500	4.735
Allumettes en bois	20.000	27.800	24.164

Marchandises importées d'Autriche-Hongrie en 1913.

	francs.
Vitrification en grains percés	7.611
Ouvrages en cuivre pur ou allié, chaudronnerie	1·070

DAHOMEY

Parmi les nombreuses causes de l'importante participation d'Allemagne dans le mouvement des échanges avec le Dahomey, il faut citer, en première ligne, pour les importations, la facilité avec laquelle les produits d'outre-Rhin de qualité inférieure sans doute, mais d'un prix très bas, peuvent envahir les marchés de la colonie ; pour la sortie, l'importance prise par le marché de Hambourg où les amandes de palme, notre principal élément d'exportation, bénéficient des plus hauts cours.

Un autre facteur du succès résidait dans la rapidité des communications directes avec le port de Hambourg assurées par les compagnies allemandes de navigation offrant au commerce des avantages de fret, certains accommodements et certaines garanties, appréciés par les exportateurs.

Toute une flottille de petits cargos de 200 à 300 tonnes relevant de ces compagnies était en outre spécialement affectée au transport des marchandises et produits entre Porto-Novo et les navires de haute mer stationnés en pleine rade foraine de Lagos. Il en résultait de grandes commodités, un minimum de manutention si bien que la taxe de circulation lagunaire fût impuissante à entraver cette orientation sans cesse croissante du trafic qui portait un préjudice considérable au warf de Cotonou, à l'activité commerciale de notre grand port et aux compagnies françaises de navigation.

D'autre part l'industrie allemande s'est toujours attachée à conformer sa production au goût spécial de la clientèle indigène allant même au devant de ses fantaisies et stimulant sans cesse les ventes par des modifications de types ou des créations nouvelles.

C'est à force de persévérance qu'elle s'est identifiée le mode de fabrication britannique et qu'elle est arrivée à occuper une large place dans le commerce des tissus de traite, dont l'Angleterre avait eu de tout temps le monopole.

Par contre, nos nationaux ont toujours hésité à se lancer dans une voie qui eût nécessité la transformation de leur outillage ; en général, on leur reproche de trop s'attacher à la qualité dont se soucie peu l'indigène qui accorde sa préférence aux articles à bas prix surtout s'ils sont bien présentés; or, les Allemands étaient passés maîtres dans l'art de donner à la basse camelotte un aspect engageant.

Les bas produits de parfumerie, notamment, obtenus par des procédés chimiques nouveaux et vendus à t ès bon marché sont le plus souvent logés dans les flacons et des boîtes donnant l'illusion de bonnes marques.

De manière générale les emballages sont toujours soignés en Allemagne alors qu'ils sont parfois négligés par les industriels et les commerçants français, malgré les recommandations des exportateurs.

Les sucres allemands étaient livrés à des prix difficiles à concurrencer à cause du développement industriel des raffineries alimentées par une grosse production de matières premières.

Le conditionnement des limonades françaises devrait être amélioré, et le bouchage est souvent insuffisant.

Ainsi qu'il a été dit plus haut les commodités accordées par la *Woerman Linie* provoquaient dans une très large mesure le transit par Hambourg des allumettes et des bois provenant de Suède, des tabacs et des farines de froment d'Amérique et des sacs de jute d'Extrême-Orient. Marseille était autrefois le grand dépôt des bois du Nord ; Hambourg l'a en grande partie remplacé : c'est une position à reconquérir.

C'est toujours pour la question des prix et du conditionnement des emballages que le commerce s'adressait à l'Allemagne pour les alcools, la verrerie, les articles de ménage émaillés, les perles de verre, la quincaillerie.

Enfin, il est incontestable que notre commerce d'importation d'Allemagne ne pouvait qu'être très activement influencé par nos fortes exportations de palmistes sur Hambourg qui s'expliquent de la façon suivante :

Indépendamment de la fabrication des savons et des bougies, l'industrie germanique a réussi à extraire des amandes de palme diverses graisses comestibles appréciées pour leur bon marché dans certaines régions européennes et qui ont un gros débouché en Amérique ; en outre elle a pu trouver sur place un écoulement du résidu communément adopté par les éleveurs pour la nourriture du bétail et qui n'est encore vulgarisé comme tourteaux alimentaires ni en France ni en Angleterre, d'où la grande supériorité des cours à Hambourg, conparativement aux autres marchés et l'extension de nos expéditions sur ce port.

L'occasion est, à l'heure actuelle, favorable pour détourner définitivement cet important trafic au profit de la métropole, mais il importe qu'il soit procédé, le plus tôt possible dans nos ports, aux installations nécessaires; le besoin des matières grasses se faisant de plus en plus sentir, les huileries de Marseille n'auraient qu'à se louer de perfectionner encore leur outillage pour le broyage des amandes.

Enfin des communications régulières devront être assurées entre la côte et la métropole par un service de cargos suffisamment nombreux.

En 1913, sur un mouvement général de 31.629.877 francs, la part de l'Allemagne s'est chiffrée par 12.472.312 francs, soit un pourcentage de 39,43 p. 100 alors que le commerce avec la France et les colonies française ne s'est élevé qu'à 7.614.177 francs soit 24,07 p. 100.

Le mouvement s'est réparti de la façon suivante:

NATURE	COMMERCE		
	GÉNÉRAL	AVEC LA FRANCE et ses colonies.	Avec L'ALLEMAGNE
	francs.	francs.	francs.
Importations................	15.152.404	3.448.652	2.316.475
Exportations................	16.477.473	4.165.525	10.155.837
TOTAL............	31.629.877	7.617.177	12.472.312

Il résulte des chiffres ci-dessus que l'Allemagne s'était attribuée à elle seule les 3/5 de nos exportations et qu'à l'entrée elle suivait de près la métropole malgré la protection dont celle-ci bénéficie en ce qui concerne la fourniture du matériel des travaux sur fonds d'emprunt.

Tableau des principales importations allemandes
au Dahomey en 1912 et en 1913.

NATURE DES MARCHANDISES	ANNÉES	
	1912	1913
	francs.	francs.
Dépouilles d'animaux......................	25.786	32.719
Farineux alimentaires......................	124.730	54.428
Denrées coloniales ....;..	245.354	(1) 321.969
Bois..	32.272	43.422
Boissons...................................	835.507	(2) 546.963
Métaux.....................................	47.204	43.048
Produits chimiques........................	70.360	(3) 41.546
Couleurs..................................	20.087	37.277
Compositions diverses................	105.128	(4) 96.547
Verres et cristaux........................	70.937	(5) 74.192
Fils.......................................	80.191	67.742
Tissus.....................................	383.220	374.198
Ouvrages en métaux........................	233 713	170.673
Armes et munitions	17.142	22.308
Ouvrages { en bois.....	144.033	77.477
Ouvrages { en matières diverses.........	190.951	(6) 183 858

Dans ces chiffres :	francs.		francs.	
(1) Les sucres rentrent pour...................	203.880	en 1912 et	258.000	en 1913
(2) Les eaux-de-vie de traite pour.............	592.658	—	366.697	—
(3) Le sel....................................	58.852	—	32.112	—
(4) Les bougies.....`..........................	983	—	92.341	—
(5) Les vitrifications, grains percés............	48.511	—	52.511	—
(6) Les pipes.	68.700	—	63.465	—
(6) Les allumettes	26.401	—	51.350	—

Tableau des principales exportations
du Dahomey en Allemagne en 1912 et en 1913.

NATURE DES MARCHANDISES	ANNÉES			
	1912		1913	
	QUANTITÉS	VALEURS	QUANTITÉS	VALEURS
	kilos.	francs.	kilos.	francs.
Peaux de bœufs.............	4.833	4.833	11.482	11.486
Maïs	1.037.094	82.967	8.499.962	679.966
Graines de coton............	»	»	140.949	12.370
Coton en laine..............	40.967	51.208	83.659	104.574
Amandes de palme..........	17.647.721	6.374.243	24.022 078	9.196.260
Huiles de palme............	471.012	257.608	265.604	130.192
Caoutchouc.................	4.926	18.896	3.152	9.785

AFRIQUE ÉQUATORIALE FRANÇAISE

Les importations totales en Afrique équatoriale française pendant l'année 1913, se sont élevées à la somme de 18.168.273 fr. dont 8.612.668 francs pour le Gabon et 9.555.605 francs, pour le Moyen-Congo et l'Oubangui-Chari-Tchad.

La part de la France a été de 8.798.462 fr., dont 4.695.533 fr. pour le Gabon et 4.102.929 francs pour le Moyen-Congo et l'Oubangui-Chari-Tchad. Vient ensuite l'Angleterre dont la part s'élève globalement à 4.327.633 francs. Celle de l'Allemagne a été de 1.517.998 francs dont 828.719 francs pour le Gabon et 689.279 francs pour le Moyen-Congo et l'Oubangui-Chari-Tchad.

Il est à noter que le chiffre des importations allemandes au Gabon a été en progression en 1913, puisqu'il atteignait seulement 647.310 francs pour la précédente année. Au contraire ce chiffre est en diminution au Moyen-Congo et dans l'Oubangui-Chari-Tchad, où les importations ont passé de 912.315 francs à 689.279 francs en 1913.

Ces chiffres n'ont rien de particulièrement surprenant si l'on considère que l'Allemagne a des intérêts immédiats dans cette partie de l'Afrique, qui avoisine sa colonie du Cameroun.

Aussi bien, si les importations allemandes représentent une part aussi considérable dans le commerce général de la colonie, en faut-il chercher la cause primordiale dans l'importance des débouchés que trouvaient en Allemagne les grands produits d'exportation de l'Afrique équatoriale et dans la régularité des communications maritimes entre la côte équatoriale et le port de Hambourg.

Les grands produits de l'Afrique équatoriale trouvaient en Allemagne de nombreux débouchés. Or, contrairement à une thèse généralement admise, le courant des affaires entre la métropole et ses colonies n'est nullement commandé par les exportations de la métropole vers ses colonies, mais bien par les exportations des colonies vers la métropole. En un mot, le fret expédié des colonies représente le fret d'aller, alors que celui expédié de la métropole ou des différents marchés représente celui de retour. Pour réduire, en effet, au minimun les prix de revient de leurs produits, les exportateurs des produits d'outre-mer les chargent sur des bateaux qui se rendent en droiture sur les ports d'Europe où se tiennent les marchés habituels de ces produits ; ils ont dans ces ports des mandataires ou des commissionnaires qui sont en relations avec les commerçants des lieux ; il est naturel qu'il se crée entre eux des relations d'affaires, surtout si ces derniers sont preneurs des produits exportés ; cela est d'autant plus naturel que pour s'assurer les meilleurs conditions du fret, il est indispensable que les bateaux à destination des colonies aient un chargement aussi complet que possible. Il en résulte par la force des choses que le marché des colonies devient le marché d'approvisionnement de ces colonies, mais il ne le devient que pour cette raison et son commerce d'exportation vers les pays d'outre-mer est donc bien commandé par le commerce d'exportation de ces pays.

Il ne faut pas chercher de cause plus capitale à la diffusion extraordinaire des objets manufacturés allemands en Afrique équatoriale française. Bien plus que l'acte de Berlin, plus même que le bon marché de la fabrication, le marché de Hambourg, qui absorbait une grande partie des exportations de l'Afrique équatoriale, qui accaparait la plus grosse part des bois du Gabon, a contribué à cette diffusion.

D'ailleurs, en dehors de la constitution des débouchés que rencontraient en Allemagne les produits d'exportation de l'Afrique équatoriale, il faut chercher également l'explication de l'importance des importations allemandes dans ce corollaire : la régularité et la fréquence des communications maritimes.

Les paquebots de la compagnie allemande de la *Woermann Linie*, ayant son siège social à Hambourg, reliaient toute la côte gabonaise au grand port de l'Elbe ; à maintes reprises, les commerçants intéréssés ont signalé les facilités qu'ils trouvaient auprès des agents de la compagnie pour le chargement des produits qu'ils désiraient expédier et aussi la supériorité que présentait l'aménagement des paquebots pour l'embarquement et le transport de certaines marchandises.

Ainsi s'explique, d'une manière générale, l'importance croissante prise par les importations allemandes qui passèrent au Gabon de 513.752 francs en 1911 à 645.437 francs en 1912 et à 900.000 francs en 1913.

Le tableau ci-après donne la décomposition des principaux articles d'importation allemande.

Les tissus viennent en première ligne et représentent un chiffre de 352.000 francs pour l'ensemble de la colonie, alors que l'importation globale atteint 5.912.742 francs.

On trouve ensuite :

	francs.
Les articles de ménage	72.000
— vêtements	63.000
La bière	62.000
Le riz	43.000
Les savons, la parfumerie etc.	40.000
— poissons conservés	33.000
La coutellerie	32.000
Les viandes conservées	26.000
La bimbeloterie	25.000
Les allumettes	13.000
Le tabac brut	8.000
La lampisterie	4.000
Les pipes	4.000
etc., etc.	

L'éviction de l'importation allemande pourrait être profitable dès maintenant à certaines branches du commerce métropolitain et, pour plusieurs articles, tels que : conserves alimentaires, tissus, parfumerie etc..., notre situation pourrait être dans un avenir très prochain sensiblement améliorée, en se hâtant d'occuper la place que laisseront vacante les importations allemandes.

Importations allemandes en Afrique équatoriale pendant les années 1911-1912-1913.

	Années		
	1911	1912	1913
	francs.	francs.	francs.
Gabon	513.752	645.437	900.000
Moyen-Congo	729.006	912,315	689.279

TABLEAU
*

Principales importations.

DÉSIGNATION DES MARCHANDISES	ANNÉES					
	1911		1912		1913	
	Gabon.	Moyen-Congo.	Gabon.	Moyen-Congo.	Gabon.	Moyen-Congo.
	francs.	francs.	francs.	francs.	francs.	francs.
Poissons conservés	5.000	2.000	8.000	15.000	25.000	17.000
Conserves de viande	3.000	3 000	17.000	41.000	16.000	10.000
Riz..................	22.000	8.000	33.000	23.000	40.000	3.000
Tabac brut............	5.000	2.000	11.000	11.000	6.000	2.000
Bière	28.000	17.000	36.000	20.000	37.000	25.000
Légumes conservés......	»	1.000	»	17.000	»	3.000
Tissus de coton........	63.000	161 000	65.000	293.000	178.000	174.000
Vêtements	29 000	49.000	25.000	57.000	8.000	55.000
Coutellerie commune	29.000	50.000	27.000	58.000	19.000	13.000
Pipes en bois..........	1.000	3 000	1.000	11.000	2.000	2.000
Bimbeloterie....	10.000	17.000	8.000	11.000	13.000	12.000
Savons, parfumerie	31.000	2.000	30.000	5.000	37.000	3.000
Articles, { de ménage....	11.000	46.000	18.000	29.000	29.000	43.000
{ de lampisterie.	23.000	3 000	18.000	2.000	3.000	1.000
Allumettes............	12.000	3.000	10.000	3.000	12.000	1.000

GUADELOUPE

Les statistiques de douane ne mentionnent pas d'importations allemandes à la Guadeloupe; cependant la colonie consommait de nombreux produits allemands, mais ceux-ci parvenaient uniquement par voie française après acquittement des droits de douane dans la métropole.

L'île ne compte, en effet, aucune maison allemande ou autrichienne; les objets allemands mis en vente, étaient expédiés de France par l'intermédiaire de commissionnaires français.

Les raisons qui les faisaient préférer sont toujours celles qui ont déjà été exposées ailleurs: bon marché de la marchandise, accommodation des modèles au goût des clients, emballages soignés réduisant les risques de casse.

Les principaux articles consistaient en verrerie, porcelaines communes, instruments de musique, tels queharmonicas et accordéons, jouets, machines à coudre, outils en fer et en acier, horlogerie ordinaire, certaines conserves, des rubans à bon marché, etc.

Lorsque les commerçants français, notamment les grands bazars et les grands magasins auront étendu leur action à la Guadeloupe, il n'y aura plus de place pour la vente des produits allemands.

INDOCHINE

Les importations totales en Indochine pendant l'année 1913 se sont élevées à la somme de 305 millions La part de la France a été de 107 millions et celle des empires germaniques de 2.466.000 francs.

Maisce chiffre ne représente, ainsi qu'il l'a déjà été indiqué que la participation apparente, car les produits, dans une proportion ndéterminée, trouvent avantage à perdre le bénéfice de leur nationalité pour profiter d'un fret moins élevé en débarquant dans les ports francs de Hong-Khong et de Singapour et parvenir ensuite dans la colonie où ils sont repris an compte des deux grands entrepôts anglais.

D'autres articles, d'origine allemande, arrivaient par la voie française après avoir été nationalisés par le paiement des droits; certains enfin étaient fabriqués dans la métropole par des succursales de maisons allemandes établies en France et dont la production échappait aux investigations de la douane, c'était le cas notamment pour quatre des plus puissantes sociétés de produits chimiques.

Cependant les chiffres des importations, tels qu'ils se présentent, retiennent l'attention par leur importance et par leur nature.

Par leur importance, si l'on considère que l'Allemagne n'avait pas d'intérêts immédiats dans cette partie de l'Asie et que l'explication de colonies limitrophes, comme sur la côte d'Afrique, ne peut être invoquée en Indochine.

Les importations allemandes dans notre possession correspondaient à un courant commercial parfaitement déterminé et qui suivait progressivement le développement économique de l'Indochine. Huit ans auparavant en 1905, elles n'étaient que de 1.400.000 francs, s'élevant ainsi de un million durant cette période.

La cause principale tenait au développement intensif de la marine marchande allemande. « La marchandise suit le pavilllon »; c'est l'application de ce principe qui a été le facteur le plus important du développement économique de l'Allemagne. C'est grâce à sa flotte que l'empire allemand a assuré le développement de son industrie, en facilitant l'écoulement de ses produits; à cette cause première s'ajoutaient les tarifs plus avantageux de fret et le mode de paiement du fret et de l'assurance à l'arrivée, par le réceptionnaire.

D'autre part, les maisons allemandes avaient pris en Indochine une extension considérable. Leurs efforts incessants pour introduire des capitaux dans la colonie, leurs méthodes commerciales consistant à écouler, même sans bénéfice, leurs marchandises et à accorder à la clientele indigène de longs et importants crédits, laissent supposer qu'elles poursuivaient en dehors de leur développement commercial un but politique.

Il a été dit, plus haut, que l'étude des importations allemandes était également intéressante par leur nature.

En effet, presque tous les produits repris aux statistiques comportent des articles allemands, alors que pour les autres colonies, certaines natures des marchandises sont seules représentées.

C'est que l'Indochine possède non seulement des acheteurs indigènes, aux besoins limités et aux moyens réduits, comme ailleurs, mais elle a également une population annamite et chinoise dont beaucoup de membres sont riches et acquis à nos habitudes de bien-être; enfin il y a également une nombreuse colonie européenne.

Aussi l'examen des chiffres permet de constater que les Allemands ne l'imitaient pas leur activité à l'écoulement de l'article bon marché et médiocre, établi selon les préférences de la clientèle pauvre, mais qu'ils n'hésitaient pas à nous concurrencer dans le domaine des marchandises de bonne qualité et de prix élevé, uniquement exigées des acheteurs aisés.

La décomposition de quelques-uns des chapitres du tableau ci-après fera mieux ressortir cette observation.

Au chapitre « produits et dépouilles d'animaux », les importations de lait concentré se sont élevées de 2.000 francs en 1911 à 27.000 francs en 1913.

Au chapitre « boissons », la bière passe de 32.000 francs à 270.000 francs. Cette augmentation est d'autant plus surprenante que les brasseries locales développent leur production; on aurait pu penser que l'industrie indigène devait croître au détriment des bières de toute provenance, mais ce sont les bières françaises qui seules ont été atteintes. Leur importation en Indochine est descendue de 1.350.000 francs en 1911 à 648.000 francs en 1913. On voit ainsi que l'Allemagne engageait la lutte non seulement contre la métropole, mais contre la colonie.

Parmi les « poteries », la porcelaine d'origine française figure pour 15.000 francs et celle d'origine allemande pour 121.000 francs.

Au chapitre « ouvrages en métaux », la France a importé de l'orfèvrerie d'argent ou de vermeil pour 21.000 francs et l'Allemagne pour 41.500 francs. Cependant l'Indochine est un pays où le travail de l'argent représente une industrie en honneur et justement réputée. Sur ce point encore, la concurrence allemande ne s'exerçait pas uniquement sur ce que l'on entend habituellement par l'expression de camelote.

La même remarque peut s'appliquer aux articles suivant :

	1913	
	DE FRANCE	D'ALLEMAGNE
	francs.	francs.
Locomobiles	25.014	58.476
Locomotives	46.512	45.342
Machine pour l'agriculture	163.784	69.886
Mécanique générale	213.267	140.232
Pièces détachées de cuivre	5.612	96.367

Les meubles en bois courbé représentent les importations suivantes :

	FRANCE	ALLEMAGNE	AUTRICHE
	francs.	francs.	francs.
En 1913	32.000	10.000	102.500

Enfin, parmi les « ouvrages en matières diverses » les jeux, et autres figurent pour une somme de 310.000 francs.

BIBLIOTHÈQUE NATIONALE B. F.

Importations allemandes en Indochine pendant les années 1911-1912-1913.

NATURE DES MARCHANDISES	ANNÉES		
	1911	1912	1913
	francs.	francs.	francs.
Produits et dépouilles d'animaux	9.117	4.820	31.673
Farineux alimentaires	16.846	56.855	68.997
Denrées coloniales de consommation	226.164	87.740	54.063
Boissons	45.437	41.890	281.252
Émeris	29.000	30.000	35.000
Métaux	94.580	1.866	16.382
Produits chimiques	31.944	22.017	123.782
Teintures préparées	381.513	27.232	76.117
Couleurs	11.744	9.832	20.623
Compositions diverses	28.175	18.800	5.760
Poteries	27.922	26.208	122.952
Verres et cristaux	40.728	21.764	32.100
Tissus	173.133	106.045	262.359
Papiers	37.998	19.293	45.162
Peaux et pelleteries	19.238	16.240	21.246
Ouvrages en métaux	1.453.502	359.528	992.873
Meubles (1)	11.254	13.945	19.350
Instruments de musique	16.425	4.625	21.903
Ouvrages en matières diverses	301.916	219.003	486.108
TOTAUX GÉNÉRAUX	2.929.409	1.157.623	2.292.229
(1) Importations austro-hongroises	150.926	69.835	106.354

TABLE DES MATIÈRES

BIBLIOTHEQUE NATIONALE

MELUN. IMPRIMERIE ADMISTRATIVE. — 1340 *I*

www.ingramcontent.com/pod-product-compliance
Lightning Source LLC
Chambersburg PA
CBHW071201200326
41519CB00018B/5323